"浙学大家"丛书

浙江省习近平新时代中国特色社会主义思想研究中心课题成果

知行合一
王阳明

吴　光　主编

董　平　余柯嘉　著

浙江人民出版社

图书在版编目（CIP）数据

知行合一：王阳明 / 董平，余柯嘉著 ；吴光主编.
杭州 ：浙江人民出版社，2025. 6. -- ISBN 978-7-213
-11953-8

Ⅰ. B248. 2

中国国家版本馆CIP数据核字第2025CT0169号

知行合一：王阳明

董 平　余柯嘉　著　吴 光　主编

出版发行：浙江人民出版社(杭州市环城北路177号　邮编　310006)
　　　　　市场部电话：(0571)85061682　85176516

责任编辑：申屠增群	责任校对：姚建国
责任印务：程　琳	封面设计：厉　琳

电脑制版：杭州天一图文制作有限公司
印　　刷：杭州钱江彩色印务有限公司

开　　本：880毫米×1230毫米　1/32	印　张：7.75
字　　数：150.3千字	插　页：2
版　　次：2025年6月第1版	印　次：2025年6月第1次印刷
书　　号：ISBN 978-7-213-11953-8	
定　　价：55.00元	

如发现印装质量问题，影响阅读，请与市场部联系调换。

"浙江文化研究工程成果文库"总序

  有人将文化比作一条来自老祖宗而又流向未来的河，这是说文化的传统，通过纵向传承和横向传递，生生不息地影响和引领着人们的生存与发展；有人说文化是人类的思想、智慧、信仰、情感和生活的载体、方式和方法，这是将文化作为人们代代相传的生活方式的整体。我们说，文化为群体生活提供规范、方式与环境，文化通过传承为社会进步发挥基础作用，文化会促进或制约经济乃至整个社会的发展。文化的力量，已经深深熔铸在民族的生命力、创造力和凝聚力之中。

  在人类文化演化的进程中，各种文化都在其内部生成众多的元素、层次与类型，由此决定了文化的多样性与复杂性。

  中国文化的博大精深，来源于其内部生成的多姿多彩；中国文化的历久弥新，取决于其变迁过程中各种元素、层次、类型在内容和结构上通过碰撞、解构、融合而产生的革故鼎新的强大动力。

中国土地广袤、疆域辽阔，不同区域间因自然环境、经济环境、社会环境等诸多方面的差异，建构了不同的区域文化。区域文化如同百川归海，共同汇聚成中国文化的大传统，这种大传统如同春风化雨，渗透于各种区域文化之中。在这个过程中，区域文化如同清溪山泉潺潺不息，在中国文化的共同价值取向下，以自己的独特个性支撑着、引领着本地经济社会的发展。

从区域文化入手，对一地文化的历史与现状展开全面、系统、扎实、有序的研究，一方面可以借此梳理和弘扬当地的历史传统和文化资源，繁荣和丰富当代的先进文化建设活动，规划和指导未来的文化发展蓝图，增强文化软实力，为全面建设小康社会、加快推进社会主义现代化提供思想保证、精神动力、智力支持和舆论力量；另一方面，这也是深入了解中国文化、研究中国文化、发展中国文化、创新中国文化的重要途径之一。如今，区域文化研究日益受到各地重视，成为我国文化研究走向深入的一个重要标志。我们今天实施浙江文化研究工程，其目的和意义也在于此。

千百年来，浙江人民积淀和传承了一个底蕴深厚的文化传统。这种文化传统的独特性，正在于它令人惊叹的富于创造力的智慧和力量。

浙江文化中富于创造力的基因，早早地出现在其历史的源头。在浙江新石器时代最为著名的跨湖桥、河姆渡、马家浜和良渚的考古文化中，浙江先民们都以不同凡响的作为，在中华民族的文明之源留下了创造和进步的印记。

浙江人民在与时俱进的历史轨迹上一路走来，秉承富于创造力的文化传统，这深深地融汇在一代代浙江人民的血液中，体现在浙江人民的行为上，也在浙江历史上众多杰出人物身上得到充分展示。从大禹的因势利导、敬业治水，到勾践的卧薪尝胆、励精图治；从钱氏的保境安民、纳土归宋，到胡则的为官一任、造福一方；从岳飞、于谦的精忠报国、清白一生，到方孝孺、张苍水的刚正不阿、以身殉国；从沈括的博学多识、精研深究，到竺可桢的科学救国、求是一生；无论是陈亮、叶适的经世致用，还是黄宗羲的工商皆本；无论是王充、王阳明的批判、自觉，还是龚自珍、蔡元培的开明、开放，等等，都展示了浙江深厚的文化底蕴，凝聚了浙江人民求真务实的创造精神。

代代相传的文化创造的作为和精神，从观念、态度、行为方式和价值取向上，孕育、形成和发展了渊源有自的浙江地域文化传统和与时俱进的浙江文化精神，她滋育着浙江的生命力、催生着浙江的凝聚力、激发着浙江的创造力、培植着浙江的竞争力，激励着浙江人民永不自满、永不停息，在各个不同的历史时期不断地超越自我、创业奋进。

悠久深厚、意韵丰富的浙江文化传统，是历史赐予我们的宝贵财富，也是我们开拓未来的丰富资源和不竭动力。党的十六大以来推进浙江新发展的实践，使我们越来越深刻地认识到，与国家实施改革开放大政方针相伴随的浙江经济社会持续快速健康发展的深层原因，就在于浙江深厚的文化底蕴和文化传统与当今时代精神的有机结合，就在于发展先进生产力与发展先进文化的有机结合。今后一个时期浙江能否在全面建设小康社会、加快社会主义现代化建设进程中继续走在前列，很大程度上取决于我们对文化力量的深刻认识、对发展先进文化的高度自觉和对加快建设文化大省的工作力度。我们应该看到，文化的力量最终可以转化为物质的力量，文化的软实力最终可以转化为经济的硬实力。文化要素是综合竞争力的核心要素，文化资源是经济社会发展的重要资源，文化素质是领导者和劳动者的首要素质。因此，研究浙江文化的历史与现状，增强文化软实力，为浙江的现代化建设服务，是浙江人民的共同事业，也是浙江各级党委、政府的重要使命和责任。

2005 年 7 月召开的中共浙江省委十一届八次全会，作出《关于加快建设文化大省的决定》，提出要从增强先进文化凝聚力、解放和发展生产力、增强社会公共服务能力入手，大力实施文明素质工程、文化精品工程、文化研究工程、文化保护工程、文化产业促进工程、文化阵地工程、文化传播工程、文化人才工程等"八项工程"，实施科教兴国和人才强国战略，加快建设教育、科技、卫生、体育等"四个强省"。作为文化建设"八项工程"之一的文化研究工程，其任务就是系统研究浙江文化的历史成就和当代发展，深入挖掘浙江文化底蕴、研究浙江现象、总结浙江经验、指导浙江未来的发展。

浙江文化研究工程将重点研究"今、古、人、文"四个方面，即围绕浙江当代发展问题研究、浙江历史文化专题研究、浙江名人研究、浙江历史文献整理四大板块，开展系统研究，出版系列丛书。在研究内容上，深入挖掘浙江文化底蕴，系统梳理和分析浙江历史文化的内部结构、变化规律和地域特色，坚持和发展浙江精神；研究浙江文化与其他地域文化的异同，厘清浙江文化在中国文化中的地位和相互影响的关系；围绕浙江生动的当代实践，深入解读浙江现象，总结浙江经验，指导浙江发展。在研究力量上，通过课题组织、出版资助、重点研究基地建设、加强省内外大院名校合作、整合各地各部门力量等途径，形成上下联动、学界互动的整体合力。在成果运用上，注重研究成果的学术价值和应用价值，充分发挥其认识世界、传承文明、创新理论、咨政育人、服务社会的重要作用。

我们希望通过实施浙江文化研究工程，努力用浙江历史教育浙江人民、用浙江文化熏陶浙江人民、用浙江精神鼓舞浙江人民、用浙江经验引领浙江人民，进一步激发浙江人民的无穷智慧和伟大创造能力，推动浙江实现又快又好发展。

今天，我们踏着来自历史的河流，受着一方百姓的期许，理应负起使命，至诚奉献，让我们的文化绵延不绝，让我们的创造生生不息。

2006 年 5 月 30 日于杭州

"浙学大家"丛书总论

吴　光

一、引言

浙学概念的正式提出虽然始于南宋，但作为一种富有地域特色的学术文化形态则可以追溯到更远，大致萌芽于古越国而成形于秦汉时期的会稽郡时期。习近平同志在浙江工作期间，就很重视对浙学与浙江文化的研究，他曾多次到南孔圣地衢州调研考察，在 2005 年 9 月 6 日第五次到衢州调研时，曾指示："衢州历史悠久，是南孔圣地，孔子文化值得很好挖掘、大力弘扬，这一'子'要重重地落下去。"2004 年 10 月 27 日，习近平同志在致陈亮国际学术研讨会组委会的贺信中说："陈亮是我国著名的爱国主义者，杰出的思想家、文学家。他创立的永康学派，强调务实经世，为'浙江精神'提供了重要的历史文化内涵。研究陈亮学说，就是要探寻浙江优秀文化传统，在研究浙江现象、总结浙江经验、提炼'浙江精神'方面取得创造性成果，为我省经济发展、社会进步、文化繁荣，提供重要的精神动力。"2006 年 3 月 28 日，习近平同志在致黄宗羲民本思想国际学术研讨会组委会的贺信中说："黄宗羲是我国明清之际杰出的思想家、史学家、文学家和教育家，是浙江历史上的文化伟人。他所具有的民主启蒙性质的民本思想，在中国思想文化史上产生了很大影响。"这些重要的贺信、讲话与指示，对于我们今天深入发掘浙学基本精神、开展"浙学大家"系列研究是有指导性意义的。

2023 年春，浙江省文史研究馆领导委托我主持编写《浙学与治国理政》一书，主要作者是我与张宏敏研究员。该书出版后，在政界、学界和企业界颇受关注。省委宣传部领导赞同浙学的理念，并积极支持省文史馆组织写作团队策划名为"浙学大家"丛书的项目。于是，文史馆领导召集了多次有馆员与工作人员参加的会议，并组成了汇合馆内外专家参与的项目团队。大家推举我任丛书主编，并遴选了王充、吕祖谦、陈亮、叶适、王阳明、刘宗周、黄宗羲、章学诚、章太炎、马一浮等十大浙学名家作为"浙学大家"丛书第一辑立传对象，各卷作者则分别选定由白效咏、徐儒宗、董平（兼陈亮、王阳明二卷）、何俊、张宏敏、吴光、钱茂伟、宫云维、邓新文等九位专家担任。之所以选这十大浙学名家，是因为王充是浙学史上第一个有系统哲学思想和政治思想的思想家，可视为"浙学开山祖"。吕祖谦、陈亮、叶适分别是南宋浙学鼎盛时期的主要代表，王阳明、刘宗周是明代浙学的领袖，黄宗羲、章学诚则是清代浙东经史学派的创立者和理论代表，章太炎可谓集大成的浙学宗师，马一浮则是富有中华文化自信的杰出代表，被誉为"现代新儒家三圣之一"。总之，这些思想家既是浙学的代表，又各具独立的思想体系。这个项目经文史馆申报后很快获得浙江文化研究工程领导小组评审通过，被列为省重大社科研究项目。后续还将进一步推进"浙学大家"丛书编写工作。

二、"浙学"的文化渊源与思想内涵

既然叫"浙学大家"丛书，不能不就浙学的内涵、外延及其发展脉络、基本精神、当代价值等问题作出较为系统的论述。先从浙学的文化渊源谈起。

浙学之名，虽然始于南宋朱熹，但浙学之实源远流长，甚至可以追溯到史前浙江距今约7000年的"河姆渡文化"与距今约5000年的"良渚文化"等文物遗存。

首先需要强调的是，浙学并不是孤立的存在，而是华夏文化，也即大中华文化中一个具有鲜明地域特色的重要分支。作为地域文化的重要分支，她从古越国时代就已发端，在汉唐时期已具雏形，而在北宋时期形成学派，在南宋时期走向鼎盛，历经元明清以至近现代，绵延不断。总之，浙学在宋元明清时代蓬勃发展，逐渐从文化的边缘走向中心，在中华文化发展史上起到了重要作用。在习近平新时代中国特色社会主义思想的指引下，随着浙江经济社会的长足发展和学术文化的日益繁荣，人们对隐藏在蓬勃发展背后的文化动力日益关注并进行了深层次的探讨。

从地域文化的历史看，浙江在古代属于吴越文化地区。吴、越地区包括现在的苏南、上海和浙江全境，自古以来就有着密不可分的文化联系。据历史文献记载，"吴""越"的称谓始于殷周之际。据《史记·吴太伯世家》《吴越春秋》《越绝书》等书记载，3100多年前，周太王古公亶父的长子泰伯、次子仲雍，为了避让王位而东奔"荆蛮"，"自号勾吴"，"荆蛮义之，从而归之者千有余家，共立以为勾吴"①。后来，周武王伐纣胜利后，"追封太伯于吴"。到吴王阖闾时，国势强盛。其子夫差，一度称霸诸侯，国土及于今之江、浙、鲁、皖数省，后被越王勾践所灭，其地为越吞并。至于"越"之缘起，据史书所载，因夏禹死后葬于会稽②，夏后帝少康封其庶子于此，传二十余世而至允常、勾践父子，自立为越王，号"於越"（"於"读作"乌"）。其时吴越争霸，先是吴胜越败，后来越强灭吴，勾践称霸，再传六世而为楚所灭。

然而，作为诸侯国的吴、越虽然灭亡，但其所开辟的疆土名称及其文化习俗却一直传承发展至今。从地理而言，吴越分

---

① 《吴太伯传》，见赵晔撰、薛耀天译注：《吴越春秋译注》，天津古籍出版社1992年版，第4页。勾（句）吴，在今江苏无锡境内。

② 相传夏朝始祖大禹卒后葬于会稽山麓。今浙江绍兴东南郊的会稽山麓有"大禹陵"建筑群，由禹陵、禹祠、禹庙三大建筑组成。大禹陵始建于明嘉靖年间，清康熙年间重修，20世纪90年代又经绍兴市政府整修，现为全国重点文物保护单位。自1995年以来，当地政府每年都要举行公祭大会祭奠大禹。

属两地却有许多重叠，如"吴会"，或指会稽一郡，又指吴与会稽二郡；如"三吴"，既含吴地，又含越地，跨越今之江、浙、沪二省一市；如"吴山"，却不在吴都（今属苏州）而在越地（今属杭州）。正如《越绝书·纪策考》所记伍子胥言"吴越为邻，同俗并土"，以及同书《范伯》篇所记范蠡言"吴越二邦，同气共俗"。这说明吴、越地区的文化联系历来非常密切，其习俗也相当接近。这也是人们经常合称"吴越文化"的历史原因。

但严格地说，"吴越文化"是有吴文化与越文化的各自特色的。"吴文化"主要指苏南、上海地区的文化传承，"越文化"则主要是指今浙江地区的文化传承。考古发掘的材料已经确证：距今1万年左右的上山文化遗址①，距今8000年以上的跨湖桥文化（在今浙江杭州市萧山区境内）、距今7000年的河姆渡文化（在今浙江余姚市境内），以及稍后兴起的、距今4000—5000年的良渚文化（在今浙江余杭境内），以其在当时堪称先进的制陶、制玉工艺和打制、磨制、编制的石器、骨器、木器、竹器等生产工具、生活用具以及干栏式建筑，向全世界宣告了长江三角洲地区特别是浙江地区史前文明历史的悠久与发达。而在上古文明史上，浙江以其古越国、汉会稽郡、五代吴越国的辉煌历史著称于世。这一切，为浙江人文精神传统的形成及代表这个传统的"浙学"的形成提供了丰富厚重的历史依据。然而，

①上山文化遗址最早发现于浙江金华市浦江县上山村，属于新石器时代文化类型，距今8500—11000年。

从学术发展的脉络而言，作为一种具有地域文化特色的"浙学"的思想源头，可以追溯到东汉会稽郡上虞县的杰出思想家王充那里。我研究王充思想历有年所，于1983年6月发表的文章中概括了王充思想的根本特点是"实事疾妄"[1]，又于1993年10月在"全国首届陈亮学术研讨会"上明确提出"王充为浙学开山祖"[2]的观点。2004年，我在《简论浙学的内涵及其基本精神》一文中首次提出浙学内涵的狭义、中义、广义之别，拙文指出：

> 关于"浙学"的内涵，应该作狭义、中义与广义的区分。狭义的"浙学"（或称"小浙学"）概念是指发端于北宋、形成于南宋永嘉、永康地区以陈傅良、叶适、陈亮为代表的浙东事功之学；中义的"浙学"概念是指渊源于东汉、酝酿形成于两宋、转型于明代、发扬光大于清代的浙东经史之学，包括东汉会稽王充的"实事疾妄"之学、南宋金华之学、永嘉之学、永康之学、四明之学以及明代王阳明心学、刘宗周慎独之学和清代以黄宗羲、万斯同、全祖望为代表的浙东经史之学；广义的"浙学"概念即"大

---

[1] 吴光：《王充学说的根本特点——"实事疾妄"》，载《学术月刊》1983年第6期。
[2] 萧文在《全国首届陈亮学术讨论会综述》中指出，"对陈亮思想的渊源，前人无甚论说。吴光认为，首先是荀子，在先秦儒家中，他的富国强兵，关注现实的态度得到了陈亮充分的回应。其次是王充，作为浙学的开山祖，应该是陈亮思想的一个源头"。参见永康市陈亮研究会编：《陈亮研究论文集》，杭州大学出版社1994年版，第212页。

浙学"概念，指的是渊源于古越、兴盛于宋元明清而绵延于当代的浙江学术思想传统与人文精神传统。这个"大浙学"，是狭义"浙学"与中义"浙学"概念的外延，既包括浙东之学，也包括浙西之学；既包括浙江的儒学与经学传统，也包括浙江的佛学、道学、文学、史学、方志学等人文社会科学传统，甚至在一定意义上涵盖了有浙江特色的自然科学传统。当然，"大浙学"的主流，仍然是南宋以来的浙东经史之学。①

我之所以将王充判定为"浙学开山祖"和中义浙学的源头，首先是因为王充是浙江思想文化史上第一个建立了系统的哲学理论、形成了思想体系的思想家。他的"实事疾妄"的学术宗旨代表了务实、批判的实学精神，"先富后教"②的治理主张代表了民生为重的民本精神，"文为世用"③的主张则体现了经世致用的实学精神，"德力具足"的"治国之道"④体现了一种儒

---

① 吴光：《简论"浙学"的内涵及其基本精神》，载《浙江社会科学》2004年第6期。

② "先富而后教"的思想，见《论衡·问孔篇》中引用孔子答学生冉求之语。尽管王充认为此语与孔子答子贡"去食存信"的思想有矛盾，但显然王充是主张"富而后教"观点的。

③ 《论衡·自纪篇》曰："（文）为世用者百篇无害，不为用者一章无补。"这句话强调文章须为世用，正是一种"经世致用"的观念。

④ 《论衡·非韩篇》曰："治国之道，所养有二：一曰养德，二曰养力。养德者，养名高之人，以示能敬贤；养力者，养气力之士，以明能用兵。此所谓文武张设，德力具足者也。"显然这是儒法兼治的政治思想。

法兼容的多元包容精神。而这些正是宋元明清乃至近现代薪火相传的"浙学"基本精神。其次，王充的《论衡》及其"实事疾妄"思想极大地影响了后世学者、思想家，尤其是浙学家。我曾系统检索《四库全书》电子版等工具书，竟有重大发现可以佐证"王充是浙学开山祖"观点：非浙籍名家中，有范晔、韩愈、王夫之、顾炎武、方以智、惠栋等数十人引用了《论衡》。浙籍名家中，则有高似孙、毛晃、吕祖谦、王应麟、黄震、方孝孺、黄宗羲、万斯同、陆陇其、朱彝尊、胡渭等名家引用了《论衡》。比如，南宋文献大师、鄞县人王应麟引《论衡》十一条，其《玉海》卷五十八《越纽录》云："王充《论衡》，吴君高之《越纽录》，周长生之《洞历》，刘子政、杨子云不能过也。"黄宗羲的高足、鄞县万斯同著《儒林宗派》，卷三将"王充，班彪门人"列为"诸儒兼通五经"者。清初浙西名儒如萧山人毛奇龄、德清人胡渭、平湖人陆陇其、嘉兴人朱彝尊等都多处征引王充《论衡》以伸其说。上述《四库全书》著者引用《论衡》的史料足以证明，王充及其《论衡》在中国学术思想史和浙江思想文化史上确有巨大影响，因此，我们誉之为"浙学开山祖"并不为过。

虽然王充本人影响较大，但王充时代并没有形成人才济济的"浙学"学派。"浙学"的直接源头还是北宋初期在湖州府因讲学闻名而被延请至太学讲学的安定先生胡瑗。诚如全祖望《宋元学案·士刘诸儒学案》叙录中所言："庆历之际，学统四起"，其中浙东、浙西之学"皆与安定湖学相应"，说明湖学是浙学的直接源头。但浙学的兴盛还是在永嘉、永康、金华、四明之学异军突起的南宋。到了明代中后期，以王阳明为宗主的姚江学派不仅遍及两浙，而且风靡全国，确立了良知心学。而在明清之际，刘宗周的慎独之学独树一帜，形成了涵盖两浙的蕺山学派；其高足弟子黄宗羲接踵而起，力倡重视经世实践的"力行"实学，开创了具有民主启蒙性质和实学特征的浙东经史学派，从而使"浙学"升华到深刻影响中国思想潮流的地位，成为推动近代思想解放和民主革命运动的思想大旗。

三、"浙学"的演变与学派分合

（一）"浙学"内涵的延伸与扩展

过去，在论及浙江学术文化时，谈得较多的是"浙东学派"与"浙东史学"，而忽略了起源更早的"浙学"之说。究其原委，盖因清代浙东史学家章学诚写了一篇题名《浙东学术》的文章，近代学术大师梁启超在20世纪初撰写了《清代学术概论》与《中国近三百年学术史》这两部名著，极力推崇"浙东学派"和"浙东史学"。

其实，"浙学"比"浙东学派"的概念要早出现400多年。最早是由南宋理学家朱熹（1130—1200）提出，而"浙东学派"的概念则始见于清初大儒黄宗羲（1610—1695）的著作。

朱熹论"浙学"，一见于《晦庵集》卷五十《答程正思书》，曰："浙学尤更丑陋，如潘叔昌、吕子约之徒，皆已深陷其中。不知当时传授师说，何故乖讹便至于此，深可痛恨！"再见于门人黎靖德编《朱子语类》，曰："江西之学（指陆九渊心学）只是禅，浙学（指永嘉、永康之说）却专是功利。禅学，后来学者摸索一上，无可摸索，自会转去。若功利，则学者习之便可见效，此意甚可忧。"①可见朱熹论浙学相当偏颇。然其论虽偏，但他最早提出"浙学"名称之功是不可抹杀的。

明代中期以后，阳明心学风靡两浙，"浙学"获得正面评价。时任浙江提学副使的福建晋江人刘鳞长编著《浙学宗传》一书，共立案44人，其中浙籍学者39人，非浙籍5人。其长在于涵盖了"两浙诸儒"，并将王阳明心学人物入传，已粗具"大浙学"的框架。然失之于简略，有以偏概全之弊。

"浙东学派"的概念首见于黄宗羲。黄宗羲在《移史馆论不宜立理学传书》一文中首次使用了"浙东学派"一词，他在该文批评当时明史馆修史诸公所传《修史条约·理学四款》之失，驳斥其所谓"浙东学派，最多流弊"之言说："有明学术，白沙（陈献章）开其端，至姚江（王阳明）而始大明。……逮及先师蕺山（刘宗周），学术流弊，救正殆尽。向无姚江，则学脉中绝；向无蕺山，则流弊充塞。凡海内之知学者，要皆东浙之所衣被也。今忘其衣被之功，徒訾其流弊之失，无乃刻乎！"②在

---

① 《陈君举》，见黎靖德编、王星贤点校：《朱子语类》第八册，中华书局1994年版，第2967页。

② 黄宗羲：《南雷诗文集·移史馆论不宜立理学传书》，见沈善洪主编、吴光执行主编：《黄宗羲全集》第十册，浙江古籍出版社2005年版，第221页。

这里，黄宗羲明确说明史馆诸臣已经批评了"浙东学派"的"流弊"（可见"浙东学派"一词的最早提出者应早于黄宗羲），并把王阳明心学和刘蕺山慎独之学归入浙东学派，等于建立了明清浙学的学术统系。据考证，黄氏还在明崇祯年间汇编过一部集数十名浙东学者著作于一编的《东浙文统》若干卷。但黄宗羲所谓学派，指的是学术脉络，并非现代意义的学派，他对"浙东学派"的理论内涵也未作出界定。

黄宗羲之后，首先是作为"梨洲私淑"的全祖望在所撰《宋元学案》中对"浙学"的内涵作了外延，并对浙学作了肯定性评价。如他在《宋元学案·士刘诸儒学案》叙录中称：

> 庆历之际，学统四起，齐、鲁则有士建中、刘颜夹辅泰山而兴；浙东则有明州杨、杜五子、永嘉之儒志、经行二子，浙西则有杭之吴存仁，皆与安定（胡瑗）湖学相应。①

此外，全氏在《周许诸儒学案》叙录中称"浙学之盛，实始于此（指永嘉九先生）"，在《北山四先生学案》叙录中称赞金华四先生（何基、王柏、金履祥、许谦）为"浙学之中兴"，在《东发学案》叙录中将四明朱学传人黄震归入"浙学"之列，

---

① 全祖望：《宋元学案·士刘诸儒学案》，见沈善洪主编、吴光执行主编：《黄宗羲全集》第三册，浙江古籍出版社2005年版，第316页。

赞其"足以报先正拳拳浙学之意"。全祖望的"叙录"说明了三点：第一，他所说的"浙学"主要是指"浙东之学"，但也包括了"浙西之学"（如杭之吴存仁属浙西），其内部各派的学术渊源和为学宗旨不尽一致，但有共同特色；第二，他认为"浙东之学"与"浙西之学"的学术渊源，都与宋初大儒胡安定（瑗）在湖州讲学时形成的"湖学"相呼应。显然，在全祖望看来，安定"湖学"也属于"浙学"范围，而胡瑗湖学的根本宗旨就是"明体达用"；第三，"浙学"在当时的地位，堪与齐鲁之学、闽学、关学、蜀学相媲美，而且蔚为一大学统，对于宋、元学风有开创、启迪之功。

全祖望之后，乾嘉时代的浙东学者章学诚在《文史通义·浙东学术》中论述了"浙东之学"与"浙西之学"的异同，并分析了各自的学术渊源。他说：

> 浙东之学，虽出婺源，然自三袁之流，多宗江西陆氏，而通经服古，绝不空言德性，故不悖于朱子之教。至阳明王子，揭孟子之良知，复与朱子抵牾。蕺山刘氏，本良知而发明慎独，与朱子不合，亦不相诋也。梨洲黄氏，出蕺山刘氏之门，而开万氏弟兄经史之学；以至全氏祖望辈尚存其意，宗陆而不悖于朱者也。……世推顾亭林氏为开国儒宗，然自是浙西之学。不知同时有黄梨洲氏，出于浙东，虽与顾氏并峙，而上宗王、刘，下开二万，较之顾氏，源远而流长矣。顾氏宗朱，而黄氏宗陆。盖非讲学专家，各

持门户之见者,故互相推服,而不相非诋。学者不可无宗主,而必不可有门户;故浙东、浙西,道并行而不悖也。浙东贵专家,浙西尚博雅,各因其习而习也。……浙东之学,言性命者必究于史,此其所以卓也。

在章学诚看来,"浙东之学"与"浙西之学"的学术渊源及其学风虽有所不同,但都是儒家之学,其根本之道是可以并行不悖、互相兼容的。

如果说宋元学者眼中的"浙学"仅限于金华、温州地区的"婺学"与"永嘉、永康之学"的话,那么明末清初的黄宗羲、全祖望已经将"浙学"的地域延伸到宁波、绍兴等大浙东地区,而且所包含的学术流派也不限于"婺学"与"永嘉、永康之学",而是包括了"庆历五先生"、"甬上四先生"(即所谓"明州学派")以及姚江学派与蕺山学派。及至章学诚,他在《浙东学术》中强调"浙东、浙西,道并行而不悖"的特色,这实际上已是"大浙学"的观念了。

自章学诚以后,近现代以至当代的许多学者,从章炳麟、梁启超、钱穆、何炳松、陈训慈到陈荣捷、金毓黻、杜维运、何冠彪、詹海云,以及当代浙江籍的众多学者(如北京的方立天、陈来、张义德,上海的冯契、谭其骧、潘富恩、罗义俊、杨国荣,南京的洪焕椿,杭州的仓修良、王凤贤、吴光、董平、何俊,宁波的管敏义,金华的黄灵庚,温州的周梦江,等等),都发表过有影响的学术论著,从各个角度研讨、评论"浙学"

"浙东学派""浙东学术"的理论内涵、历史沿革、学术脉络、思想特色、根本精神、研究成果等问题，从而把对"浙学"的研究推向了一个"百花齐放，推陈出新"的新阶段。

那么，我们在当代应该如何定位"浙学"的思想内涵？我在上述《简论"浙学"的内涵及其基本精神》等文中，已经明确区分了"浙学"内涵的狭义、中义与广义之不同。

我认为，我们在总结浙江学术思想发展史时，必须对狭义、中义与广义的"浙学"分别加以系统的研究与整理，但站在当今建设浙江文化大省的立场上，则应采取广义的"浙学"概念，不但要对两浙经史之学作系统的研究，也要对浙江文学、艺术、科学、宗教等作系统的全方位的研究，而不应仅仅局限于"浙东学派"或"浙东史学"的视野。

如果从广义的"大浙学"视野观察与反思浙江的学术文化传统，那么显而易见的是，所谓"浙学"，是多个学派"和齐斟酌，多元互补，互相融通"而形成的一种地域性学术格局与学术传统，这个学术格局虽然异见纷呈，但也培养了共通的文化精神。

事实上，浙江这块土地虽有浙东、浙西之分，但仅仅一江之隔，从人文传统上无法将其截然分开或将两者对立起来。在浙江学术史上，浙东、浙西往往是你中有我、我中有你、关系密切、互相影响的。因此，我们在当代应当坚持"广义浙学"的研究方向。

（二）浙学的学派与人物

浙江在北宋以前，虽有名家（如王充、虞翻），但无学派。而自北宋以至民国，浙江大地名家辈出，学派林立，可谓盛矣。

1.北宋浙学

北宋浙学首推胡瑗与湖学。北宋初年，号称"宋初三先生"之一的安定先生胡瑗在湖州讲学，创立了"湖学"。

据《宋史·胡瑗传》记载，胡瑗以经术教授吴中（苏州），受到范仲淹的推荐，后教授湖州，教人有法，严守师弟子之礼。庆历中，兴太学，朝廷下湖州取其教学法树为典范。他在太学讲学，学舍至不能容。礼部所得士，瑗弟子十常居四五。《宋元学案·安定学案》"胡瑗"小传记载，胡瑗"以明体达用之学教诸生"，"始于苏、湖，终于太学。出其门者无虑数千余人"，其佼佼者如程颐、刘彝、范纯仁、钱公辅等，皆其太学弟子也。①

次推明州"庆历五先生"。杨适、杜醇、王致、王说、楼郁五子，以经史、实学为圭臬，传承发展儒学。

此外，二程弟子游酢在萧山，杨时在余杭、萧山从政期间也有讲学活动，故程颢有"吾道南矣"之叹。于是，以二程洛学为主的理学分别在浙西（杭州）、浙东（明州、永嘉）都有

---

① 黄宗羲等：《宋元学案·安定学案》"胡瑗"小传，见沈善洪主编、吴光执行主编：《黄宗羲全集》第三册，浙江古籍出版社2005年版，第55—57页。

传播。

2.南宋浙学

以陈傅良、叶适为代表的永嘉学派，以陈亮为代表的永康学派，以吕祖谦为代表的金华婺学，以北山四先生何基、王柏、金履祥、许谦为代表的金华朱学，以浙东甬上四先生杨简、袁燮、舒璘、沈焕为代表的四明心学，形成南宋浙学之盛。

3.明代浙学——王阳明与姚江学派

王阳明一生活动足迹几乎遍及中国，其讲学活动也遍布大江南北，形成了姚江学派。姚江学派共有王门八派，其中浙中王门包括徐爱、钱德洪、王畿、季本、黄绾、董沄、陆澄等约20人。

4.明末刘宗周与蕺山学派

以明末大儒刘宗周为领袖的蕺山学派，其著名弟子有祁彪佳、张应鳌、刘汋、董瑒、黄宗羲、邵廷采、陈确、张履祥等35人。

5.黄宗羲与清代浙东经史学派

清代浙东经史学派的领袖人物是黄宗羲，其代表人物包括：以经学为主兼治史学的黄宗炎、万斯大，以史学为主兼治经学的万斯同、邵廷采、全祖望、章学诚，经史兼治而偏重文学的李邺嗣、郑梁、郑性，偏重历算的黄百家、陈訏、黄炳垕，偏重考据的邵晋涵、王梓材。

6.张履祥与清初浙西朱学

张履祥是刘宗周弟子，也是从蕺山学派分化而来的清初浙西朱学的领袖人物，其代表人物有吕留良、陆陇其等。

7. 乾嘉考据学在浙江的展开

乾嘉考据学在浙江的代表主要是胡渭、姚际恒、杭世骏、严可均等，他们在文献辑佚、学术考辨方面各有贡献。

8. 近现代浙学

近现代浙学名家辈出，有龚自珍、黄式三、黄以周、俞樾、孙诒让、章太炎、王国维、马一浮等经学家，他们在传承浙学人文传统、经典诠释与古籍整理方面各自作出了重要贡献。

四、浙学的基本精神与当代启示

在经历千百年的磨合过程中，浙学各派逐渐形成了一些共通的人文精神传统。这种人文精神是从王充到陈亮、叶适、吕祖谦、王阳明、黄宗羲、全祖望、章学诚以至近现代的龚自珍、章太炎、蔡元培、马一浮等著名浙江思想家都一致认同的文化精神。

那么，浙学的基本精神是什么呢？我曾在《简论"浙学"的内涵及其基本精神》一文中将它概括为"民本、求实、批判、兼容、创新"五个词、十个字，又在《论浙江的人文精神传统及其在现代化中的作用》一文中从五个方面概述了浙学人文精神的主要内容，即"一、'天人合一，万物一体'的整体和谐精神；二、'实事求是，破除迷信'的求实批判精神；三、'经世致用，以民为本'的实学精神；四、'四民同道，工商皆本'的人文精神；五、'教育优先、人才第一'的文化精神"。

我认为，在历代浙学家中，最能代表浙学基本精神的有五大家的五大名言。

一是王充的"实事疾妄"名言。"浙学开山祖"王充在回应人们对其写作《论衡》宗旨的疑问时说："《论衡》实事疾妄，无诽谤之辞"（见《论衡·对作篇》）。这充分体现了浙学坚持实事求是、反对各种虚妄迷信的务实批判精神。

二是叶适的"崇义养利"名言。叶适针对董仲舒名言"仁人者正其谊不谋其利，明其道不计其功"批判说："'仁人正谊不谋利，明道不计功'，此语初看极好，细看全疏阔。古人以利与人而不自居其功，故道义光明。后世儒者行仲舒之论，既无功利，则道义者乃无用之虚语尔。"①因此，叶适究心历史，称古圣人唐、虞、夏、商之世，能够"崇义以养利，隆礼以致力"②，是真正的"治道"。

三是王阳明的"知行合一"名言。王阳明说："知之真切笃实处即是行，行之明觉精察处即是知，知行工夫本不可离。……真知即所以为行，不行不足谓之知。"③这是王阳明"知行合一"说的基本论述。

四是黄宗羲的"经世应务"名言。黄宗羲主张"学必原本

---

① 叶适：《习学记言》卷二十三，上海古籍出版社1992年版，第201页。

② 杨士奇编：《历代名臣奏议》卷五十五引叶适《士学上》语。

③ 王阳明：《传习录中》，见王守仁撰、吴光等编校：《王阳明全集》上册，上海古籍出版社2012年版，第37页。

于经术而后不为蹈虚，必证明于史籍而后足以应务"[①]、"经术所以经世"[②]。在著名的《明夷待访录》中，黄宗羲明确提出了"天下为主，君为客"的命题，从而使其民本思想提升到了"主权在民"的民主启蒙高度，并影响到清末民初的民主启蒙运动。

五是蔡元培的"兼容并包"名言。浙学传统从王充以来，就有一种多元包容、兼收并蓄的思想特色。蔡元培从小就受到浙学传统的熏陶，在其思想深处就有一种多元包容的思想倾向。因此，他在辛亥革命后接掌北京大学校长时，提出了"思想自由，兼容并包"的办校方针，从而使北京大学成为包容多元、引领近现代思想解放潮流的新型教育阵地。

以上总结的五个词、十个字、五大精神、五大名言，就是我对浙学人文精神和历代"浙学大家"基本精神的概括性总结。在这一认识的基础上，我们进一步深入探讨浙学的当代价值与启示，也有五点值得借鉴发扬。

第一，浙学中"天人合一，万物一体"的整体和谐精神，启示我们要实现的中国式现代化必须是低碳、绿色、人与自然和谐相处的，而非将人与自然置于对立斗争地位的物本主义的

---

① 全祖望：《甬上证人书院记》，见全祖望原著、黄云眉选注：《鲒埼亭文集选注》，齐鲁书社1982年版，第347页。

② 全祖望：《梨洲先生神道碑文》，见全祖望原著、黄云眉选注：《鲒埼亭文集选注》，齐鲁书社1982年版，第105页。

二元对抗境地。所以，我们必须避免陷入"征服自然"式的斗争哲学思维。近年来，气候日益变暖，甚至出现40度以上的连续高温天气，使我们深切感受到气候变暖趋势的可怕与危害，也更促使我们要努力设法保持人与自然和谐相处的必要性与紧迫性。

第二，"以人为本，人民至上"的民本精神。这是以人民利益为最高利益的民本主义论述，是古越国"十年生聚，十年教训"从而由弱变强战胜强吴的法宝，也是在中国式现代化实践中经历40年艰苦奋斗，使资源贫乏的浙江成为经济大省的一大政策法宝，更是今后几十年建设共同富裕示范区的战略法宝，值得我们继承发扬光大。

第三，"自强自立，开拓创新"的创业精神。这尤其体现在温州人"敢为天下先"的创业精神以及义乌人建设小商品市场的创业开拓精神上。这一点一直是温州、义乌、宁波、龙游、湖州等地浙商的优良传统，值得发扬光大。

第四，"实事疾妄"的求实批判精神，这是浙学家留给我们的科学思维方法。浙学传统中，从王充到陈亮、叶适、王阳明、黄宗羲以至章太炎、马一浮，都是富有求实批判精神的大家。我们在实现新时代的中国式现代化、实现中华民族伟大复兴的实践中，尤其需要坚持实事求是、反对弄虚作假、批判各种不切实际的虚妄迷信。

第五，"多元和谐，兼容并包"的精神。改革开放以来的实践证明，坚持改革开放的基本国策，能让我们的社会主义现代化事业实现长足发展。可以说,"改革开放,多元包容",是我们不断从胜利走向新胜利的政策法宝。

上述五个方面构成一个有机的思想整体,在这个思想整体中,"万物一体"是我们的宇宙观,"以人为本"是制定政策的根本前提,是一切工作的出发点;"实事疾妄"是必须坚持的思想路线,是民族精神的脊梁;"开拓创新,多元包容"既是科学的思维方式,也是创业者必备的人文素质,是建设现代化新浙江的政策法宝。近40年来,我在多家报纸杂志和各种学术讲座中发表了多篇文章,论浙学文化观与科学发展观的关系。我认为,科学发展观的根本精神包含着三大要素:一是"以人为本"的人文精神,人是最重要的,一切为人民的根本利益着想,这是中国共产党人的根本出发点;二是"实事求是"的务实精神,在任何工作中都必须坚持"实事求是"的思想路线,才能做到无往不胜;三是"多元包容"的和谐精神,这是一种全面开放、深化改革、包容多元、追求和谐的精神,而不是一元的封闭主义。这也算是我论浙学的一得之见吧。

上述五点启示在根本上体现了浙学的人文精神传统。这个精神传统落实到社会实践中,就转化为"改天换地、建功立业"的巨大物质力量。浙江人民在现代化建设中之所以能取得伟大成就,与浙江的历史文化、思想传统是密不可分的。现在的社会主义现代化是一项前人未曾从事过的伟大事业,不仅吸收了中华优秀传统文化的精华,也吸收了全人类优秀文化的精华。我们在建设人文浙江、和谐浙江、现代浙江的过程中,必须充分发掘浙江人文思想的深厚资源，同时面向全世界，坚持多元和谐发展，真正提供服务于中华民族伟大复兴的文化软实力。

综上所述，浙学作为一种富有特色、充满活力的地域文化形态，是中华文化大厦的重要组成部分，她不但在历史上促进了社会文明进步，而且在当代中国现代化的实践中，仍然具有强大的精神感召力和实践推动力。我们应当倍加珍惜这份资源，并使之发扬光大，日臻完善。

2024 年 9 月 3 日草成于杭州

目　录

导　言

近十数年来，"阳明心学"以一种前所未有的方式在社会不同层面迅速传播，同时得到学术界的热烈响应，各种论点、观念、著述层出不穷，使其迅速成为"显学"。虽然人们关于"阳明心学"的理解或许各各有异，甚至人人不同，但以之为一种"时髦"，一种可以彰显个人精神境界之精微高妙，甚至一种茶余饭后的文化谈资，倒确乎是相当普遍的。

"阳明心学"之所以能够在明代中叶崛起，大抵应了俗语所谓"时也""命也"之二重维度的叠相交织。就"时也"而言，宋代以来以朱熹为典范的理学思想体系，在长期的因循持守过程中，已然转成为制约人们个性发展的某种思想桎梏，诚如晚明顾宪成曾经说过的那样："当士人桎梏于训诂词章间，骤而闻良知之说，一时心目俱醒，恍若拨云雾而见白日，岂不大快！"阳明心学确认"心即理"是人的存在本原，良知本体是自家之所以能够成为圣人的"真头面"，是成为圣人之自我充足的资粮，所以是不必"枝枝叶叶外头寻"的。这一以自我的本原实在性为根基而要求主动自觉地彰显自我主体性的哲学，极大地顺应了其时代要求个性解放而突破思想桎梏的潜流，此即我所谓阳明心学之"时也"。所谓"命也"，则实指阳明先生之所以能够创立其心学哲学的生命经历。他在正德元年（1506）因言说了事实而被投放监狱，继而被放逐贵州龙场，历尽千辛万苦，见证生命消亡，从而成就其自我生命境界的突破性转进，就此而言，则阳明心学的创立，正是阳明先生对于自己生命之本然实相直观洞达的结果，此后在江西的种种历练，更使他确信良知即是自己全部生命活动及其意义得以实现的"真机"，他借宋代程明道之言，以为是"自家体贴"出来，也即是为他自己的生命实践活动所亲证的。

上述"时也"是思想史所呈现的历史维度，"命也"则是阳明先生个体生命所经历的实践维度，两相交叠，厥有"阳明心学"的体系化建构。正因此故，就历史而言，阳明心学崛起于时，其实代表着中国思想历史进程中的一次重大转折，个体之主体性的实践性显扬成为学术所体现的时代主题。不同阶层的人群，皆从阳明心学中重新找到了自我存在的意义与价值，因此便也同样参与到了阳明心学的社会传播中，阳明心学正因此而迅速演变为一种社会思潮，真可谓所向披靡，而影响极其广大。黄宗羲著《明儒学案》，自"姚江学案"之后，大部即不同地域的"王门"所构成，即是明证。然而，事情也总有"另一方面"。阳明心学成为明代中晚期最为显著的时代思潮之后，人们在阳明心学的转相授受之中，也逐渐偏离"致良知"学说的大中至正，而显现出程度不同的弊病。人们从良知学说那里，或发现了佛道之教的高明玄妙，或发现了任情使性的合理根据，或基于"无善无恶"的误解而以为一切现实行为皆与价值无关，或以为良知即天理故而一切经验上的修养持循皆是犯手做作，甚至有人主张"良知本顺，致之则逆"。正如刘宗周曾经痛切地所指出的那样："今天下争言良知矣，及其弊也，猖狂者参之以情识，而一是皆良；超洁者荡之以玄虚，而夷良于贼。"顾宪成也说："往往凭虚见而弄精魂，任自然而藐兢业，陵夷至今，议论盖玄，习尚益下。高之放诞而不经，卑之顽钝而无耻。"晚明之亲历者对阳明心学流传之弊的揭露与批评，实为痛切！阳明先生之学，本为纠正训诂辞章之习之偏失，故为倡导心身一元的实践之学，以求回归于圣人之道之大中至正，而其后学之弊，则实陷入别一种玄虚，反而背离了阳明心学的原初本旨。在这一意义上，刘宗周先生当年重新倡导"诚意"之学，非但借以匡救其时士风之偏弊，并且确实也借以回归于阳明良知之说之本旨，诚如宗周先生自己所说："夫阳明之良知，本以救晚近之支离，……而后人专以言《大学》，使《大学》之旨晦，又借以通佛氏之玄觉，使阳明之旨复晦，又何怪其说愈详而言愈庞，卒无以救词章训诂之锢习而反之正乎！……是故'知本'所以'知至'也，'知至'所以'知止'也，'知止'之谓致良知，则阳明之本旨也。今之贼道者，非不知之患，而不致之患。不失之情识，则失之玄虚，皆坐不诚之病，而求之于意根者疏也。故学以诚意为极则。"刘宗周先生以为"意根最微"，故以"意"为"独体"，以"诚意"为"慎独"，以"慎独"为心身性命乃至于天下万物之所以为一体之根本枢纽，确乎是能够基于对阳明心学之本旨的深刻领悟，又能基于对时代弊病的深刻洞达，而开出的一剂足以匡扶天下人心的良方。

　　"阳明心学"的历史命运几乎与阳明先生本人的生命历程一样，真可谓命途多舛！而时至于今日，大抵亦可谓"天下争言良知矣"，而晚明时期某种令刘宗周、顾宪成、黄宗羲等人所曾忧虑的现象，似乎也正在悄然重现。"荡之以玄虚""参之以情识"仍然为当前"阳明热"中已然露出头角而值得关注的现象。某些对阳明心学的讲解，必不挤之于禅宗不止，甚或以为阳明心学即禅学之翻版，若不以禅宗之智慧特达、境界高明观之，则不能得阳明心学之精髓，谓之"境界低了"；或者以为阳明心学之"知"与通常之所谓"知识"无关，而只是指"良知"，而所谓"良知"却只是"第一感觉"，高明者则谓之"智的直觉"，于是"致良知"便也必然不至于"参之以情识"不止；或者又以其聪明特达之智而取现代学术视野，将阳明心学转换为"心态学""心理学"或"精神现象学"。而一般大众之谈论阳明心学，更不乏以之为"成功学"的"心灵鸡汤"者，"鸡汤"能滋补，还不算太差，而尤有甚者，则以阳明心学为"心机学"，各种"招数"层出不穷，而只以"心灵强大"为目的，阳明先生的正大光明之学，竟终究被陷溺于相互之间勾心斗角的心机运用。与这些追捧的观点相反，而又有人认为，王阳明不值得学，阳明心学也无甚意义，仍然是"主观唯心主义"而已，至于他的所谓能够打仗，战争规模太小，实不足以被列为军事家，云云。统而观之，时下关于阳明心学的各种观点，誉之者至于无以复加，贬之者也至于无以复加，而误解之者则大多沉涵于自我织就的某种解释罗网之中无法自拔，终或难免于自误误人。

究实说来，阳明先生不只是浙江历史上的一位重要人物，同时也是中国乃至世界历史上具有典范性的一位哲学家、思想家。他在思想上之所以能够承前启后而带来独特的历史性转折，又能开风气之先而独为开辟出广袤的思想空间，实根源于他独特的生活经验及其广博的知识经验与思想经验，所谓"溥博渊泉，而时出之"，如此才成就其思想世界之无限宏阔，无限辽远，无限博厚，无限澄澈。他的生活经历是曲折多难的，而最为令人感动而又敬佩无已的，则是他对于自己所建立的"成为圣人"之本初志向的坚定持守！不论现实境遇之荣辱，不论所处境况之险夷，他总是能够将之转换为自己的良知本体得以实现的当下场域，从而使其生命存在的本然真相得以如实地体现出来。这种心理一元、心身一体、先天后天圆融、理事互为通贯之浑然博厚而高明的境界，的确是足够引人入胜的。然而需要特别指出的是，阳明先生全部的学问思辨、基于古今通贯之始终条理而形成的"阳明心学"思想体系，实在是其生命本真的内向体悟、社会实践的外向磨炼、圣人智慧之历史形态的广泛摄取，交相互融，叠相交汇，而又"一以贯之"而实现的共相结晶。就其思想体系的完整结构而言，"心即理"是他在百死千难中所亲证的生命存在的本然真实，是他重构圣人之学之完整体系的逻辑原点；"知行合一"是以个体生命存在的心身一元为基础，而阐明的关于"心即理"之所以可能转化为人的现实存在的原理；"致良知"是"知行合一"的进一步发展与完善，是以"真"与"善"之本质同一性的坚确信念为基础，而阐明人的现实生存必以存在与价值一致为归；"万物一体"是"致良知"所可能实现的终极境界，在理论上则是"心即理"的逻辑完成，是"尽心""尽性"而究尽心性之全体全量而所能达成的终极境域，是为"美大圣神"的圣人境界。它与"吾与点也"同一机枢，是良知本体得以实现所呈现出来的真善美一体圆融之终穷究竟极致。

"阳明心学"的确是在中国思想史上独树一帜的。作为一种哲学体系，它始终关切人的现实存在，以"心即理"为人的真实存在基础，以"成为圣人"为人存在的本原目的，以人格之独立健全的现实存在过程来实现心—身—意—知—物之统体共在的生存境界，充分体现了人的存在及其意义与价值的自觉，是一种体用完备的中国语境下的生存论哲学，在世界哲学史上，恐怕也是一种最早的、体系化了的、以人的存在及其价值实现为本原目的的、充分体现了人的生存主题的哲学体系。"阳明心学"的核心旨趣，竟然与同时代发生在欧洲的"文艺复兴"有异曲同工之趣。

现在，就让我们走进阳明先生的生活世界……

第一章 生平事迹概略

如若大段区分王阳明的生活阶段，则大抵可将其区分为几个不同时期。首先是28岁中进士之前，是为博学的青少年时期；二是因放逐龙场，而有龙场悟道时期；三是江西戡乱平叛时期；四是越中讲学与两广时期。本章将依次予以略述。

王阳明，名守仁，字伯安，自号阳明山人。明宪宗成化八年九月三十日（1472年10月31日），出生于浙江省绍兴府余姚县。据记载，他母亲郑氏怀胎十四个月方始分娩，而在阳明出生的当天，他的祖母岑氏曾梦见"神人衣绯玉云中鼓吹，送儿授岑，岑警寤，已闻啼声"。因此他的祖父为他取名"云"，他出生的那座楼房则被称为"瑞云楼"。①

阳明的祖父王伦（字天叙，号竹轩，？—1490），天性爱竹，于所居之轩，皆环植以竹，日啸咏其间，学者因称其为"竹轩先生"。王伦除爱竹之外，又好读书，"于书无所不读，而尤好观《仪礼》《左氏传》、司马迁《史》。雅善鼓琴，每风月清朗，则焚香操弄数曲，弄罢，复歌以诗词，而使子弟和之。识者谓其胸次洒落，方之陶靖节、林和靖，无不及焉"。②

---

① 王守仁撰、吴光等编校：《阳明先生年谱一》，《王阳明全集》卷三三，上海古籍出版社2014年版，第1346页。下引该书简称《全集》，注明页码。

② 《竹轩先生传》，《全集》卷三八，第1530页。

阳明的父亲王华（字德辉，号实庵，晚号海日翁，因尝读书龙泉山中，学者又称龙山先生，1446—1522），于成化十七年（1481）登进士第一甲第一名，官至南京吏部尚书。王华为人耿介磊落，学问深醇，因得罪刘瑾而被强令致仕。他退居于乡，虽无富贵荣华，却仍甘之如饴。

按照《阳明先生年谱》的记载，阳明年少时便十分聪慧，旁听祖父念书，便能在心中记住内容。但阳明直到五岁时还不会说话。一天，他与其他孩童一起在门外玩耍，恰好有位僧人路过，他走到阳明跟前，抚摸着他的头，叹口气说："好个孩儿，可惜道破！"这句话刚好被王伦听见，他心中一惊，若有所悟，随即给阳明从"王云"改名为"守仁"。"守仁"之义，取于《论语》"刚毅木讷近仁"，以及"知及之，仁不能守之，虽得，必失之"之意。改名之后的阳明不久便能和正常孩童一样开口说话了。一日，王伦依然带领阳明在书房里念书，阳明竟在旁背诵出其所读之内容，王伦大为惊奇，更加确信孙儿与众不同。我们今天无须去纠结此事的"真实性"，这仅仅表明，阳明在儿童时期便展现出了某些独特之处。

成化十七年（1481），王华状元及第，授翰林院编修；第二年，迎竹轩翁奉养于京师，阳明于是与祖父同行，一路北上。这一年，阳明十一岁。一日，阳明祖孙行至镇江金山寺，见天色已晚，便作下榻的准备，当地的一些老友遂在金山寺设酒招待二人。皓月当空，和风习习，放眼远眺，江天一色。酒过三巡，王伦和他的老友们便不免诗兴大发，个个俯首捻须，低声吟哦，却未能成韵。而在这时候，在一旁侍坐的王阳明却随口吟道：

> 金山一点大如拳，打破维扬水底天。
> 醉倚妙高台上月，玉箫吹彻洞龙眠。[①]

现在的金山寺位于长江南岸，但在古代，金山却是与江岸分离的一个江中岛屿，它是在清朝中叶之后才渐渐与江岸合为一体的。与浩瀚的长江相比，金山只不过"大如拳"而已，但它却独立于江心，长江好像被它刺破了一般，所以说它"打破维扬水底天"；"维扬"是指扬州，镇江属于古代的扬州地域。"妙高台"在金山的最高之处。酒醉了，登上妙高台，斜靠着悬挂在妙高台上的月亮，吹奏起玉箫，雅韵绵长，以至于使洞中的老龙也在美妙的箫声中沉沉睡去，这是一幅何等潇洒的图景！王阳明的这首诗，文字简朴，却气概非凡，境界宏大，而又意态潇洒；既应了眼前之景，更有奇特想象。此诗一出，当时在座的各位老者皆大为惊异，叹为天才。其中有位老者对阳明说："少年人真是才思敏捷啊！我等自愧不如。你看啊，金山含月，月影婆娑，山房蔽月，水天空阔。你是否能以'蔽月山房'为题，再赋诗一首啊？"老者之言，既是对阳明才华的赞赏，但同时也有试探之义。阳明听罢，又随口吟道：

[①]《阳明先生年谱一》，《全集》卷三三，第1346页。

山近月远觉月小，便道此山大于月。

若人有眼大如天，还见山小月更阔。①

这首诗，不仅境界高远，而且还表达出少年阳明非同一般的要突破常识的局限而追求真理的情怀。在我们的日常生活中，人们关于事物的高低大小的判断，往往取决于人们观察的视角。"山近"而"月远"，便以为山大而月小，这虽然是人们日常生活中的所谓"常识"，但并不符合事物存在的实际状况。如果人们能有"大如天"的双眼，那么世间一切万象便都将尽收眼底，人们所见的境界便是无限的，便自然能够突破"山大"而"月小"这种常识的局限与谬误，从而获得关于事物的真实状况的了解。阳明所展现出的才智，也令祖父王伦刮目相看。

成化十九年（1483），十二岁的王阳明随祖父及父亲在北京生活，正式进入书塾学习，开始进行儒家经典的系统训练，为日后的科举做准备。在此期间，王阳明逐渐展现出他特立独行、豪迈不羁的性格。一日，王阳明在书塾里，问老师"何为第一等事？"老师也很认真地回答："惟读书登第耳。"王阳明想了想，怀疑地说："登第恐未为第一等事，或读书学圣贤耳。"②此时的王阳明也许并不真正理解"圣贤"究竟是什么样子，但这

---

① 《阳明先生年谱一》，《全集》卷三三，第1346页。
② 《阳明先生年谱一》，《全集》卷三三，第1347页。

一提问却清楚地表明少年王阳明已经开始思考人生的目的与意义，并为自己生命的未来状态自觉地设立了目标。事实证明，尽管生活道路充满艰难险阻，但这一早年确立的圣人志向，成为王阳明克服种种艰险的内在原动力。

成化二十二年（1486），年仅十五岁的王阳明，竟然独自深入明朝北部边境的"居庸三关"（居庸关、紫荆关、倒马关）进行考察。历经月余，阳明详细了解关外少数民族的各种情况，包括他们的族群历史、生活习惯，以及历史上人们对他们是如何防御的，由此谋划如果他们一旦突入关内，应该采取何种对策来给予有效打击；他还仔细了解了居庸关一带的地理地貌、山川形势、道路交通以及各要塞关隘的兵备防御等情况。他也并不只是停留于表面的了解，而是还只身走出关去，和少数民族群众进行实际接触，和少数民族的青少年们一起练习骑射之术。他气魄豪迈、身手敏捷，意志顽强，勤学苦练，箭术提高极快，不多久，便令关外的少数民族青年对他肃然起敬，望而却步。因为按照阳明的想法，一个圣人，必定能够保境安民。带着这种想法，他开始研读兵法，练习武艺，并开始关心明朝的边疆事务。恰逢此时，蒙古各部在被称为"小王子"的达延汗的领导之下，力量壮大，频繁与明朝发生边境战争。成化二十二年（1486），达延汗率部侵入甘州，明朝将领战死。这一事件直接促使阳明将内心深处的思考与抱负，转化为亲赴边关考察的实际行动。

"经略四方"的豪情成为少年王阳明的一种显著气质，关心武备则成为他不同于同时代青少年的显著特征。但事情的另一方面是，要实现他"经略四方"的豪情，他仍然需走科举的道路，这就必须读朱熹的著作。成化二十三年（1487），十六岁的王阳明读朱熹的著作，其中有"众物必有表里精粗，一草一木，亦涵至理"的观点，在朱熹看来，"格物致知"的目的就是要尽可能地实现"物"所蕴含之"理"，知识的积累必将带来理性的突破性转进，达成关于事物表里精粗之至理的认识，进而达成对天下万物之"理"的豁然贯通，从而精确把握那最根本、最普遍的"一本之理"。基于"格物致知"的层层转进，最终实现天下之理的无所不知，是为圣人境界。所以在朱熹那里，"格物致知"便是成为圣人的初步。正是在这一观点的指导下，王阳明曾经有过"格竹子"的经历。他面对竹子苦苦"格"了七天，却一无所获，反而因劳累过度而病倒，于是有了"看来圣人是做不得底"的感慨。"格竹"的失败对王阳明产生了深刻影响，至少使他开始思考朱熹学说作为"圣学"的可靠性。一时不得其解，便因此而陷入了苦闷彷徨。

弘治元年（1488），十七岁的王阳明在父亲王华的安排下，与江西布政司参议诸让（字养和）的女儿缔结了婚约。按照传统的礼仪，男方需亲自前往女方家中下聘并迎娶新娘。尽管诸让原籍余姚，但当时他身居江西布政司参议之职，寓居南昌。因此，弘治二年七月，王阳明从山阴往南昌迎娶夫人诸氏。

弘治二年（1489）十二月，王阳明携夫人诸氏返回余姚。途中，阳明拜访了著名学者娄谅。娄谅为他讲授了宋儒格物致知之学，这使阳明确信了圣人之道是可以通过学习而达到的。这件事对阳明思想的发展具有重要意义，《阳明先生年谱》认为这是阳明"始慕圣学"的标志。

弘治五年（1492），王阳明在浙江乡试中脱颖而出，成为举人。随后，他前往京城，既是为了陪伴父亲，以尽孝道，也是为了专心准备即将到来的会试。会试的胜出者被称为进士，将会获得朝廷的正式任命。然而，弘治六年（1493），王阳明的第一次会试以失败告终。弘治九年（1496），他再次会试落榜，《阳明先生年谱》以为是为"忌者所抑"[①]。面对两次落榜，王阳明表现出了非凡的豁达与洒脱："世以不得第为耻，吾以不得第动心为耻。"生活事实的不断历练，使王阳明渐渐明白要在心上做工夫的道理。

弘治十二年（1499）春，二十八岁的阳明第三次参加会试，终于进士及第，《阳明先生年谱》载其"举南宫第二人，赐二甲进士出身第七人"[②]，被派往工部"观政"，即进行实习。阳明接到的第一个任务，是朝廷派遣他监督建造威宁伯王越的坟墓。在此期间，王阳明按照"什伍之法"来组织和管理民工，并采用训练士兵的方法来训练他们。民工们在他的指导下，按时作息，协同工作。在闲暇之余，他还会召集民工进行军事演习，如"八阵图"等活动。令人惊奇的是，这种军事管理的方法取

---

① 《阳明先生年谱一》，《全集》卷三三，第1349页。

② 《阳明先生年谱一》，《全集》卷三三，第1350页。

得了极佳的效果。民工的工作效率显著提高，威宁伯的坟墓得以按时、保质、保量地完成。王越的家人们为表感谢，向阳明奉以金银，王阳明坚辞不受；最终，王越的家人以威宁伯生前佩剑相赠，阳明方才收下，以作留念。

王阳明28岁中进士，考中进士而进入仕途，标志着他新生活阶段的开端。在过去的28年，至少是从12岁立下"读书学圣人"之志之后，王阳明以超越同时代人的卓越眼界、果决勇气、持久毅力、勤恳奋勉，博通儒、释、道、兵，不仅熟读六经四子，而且精通"武经七书"（《孙子兵法》《吴子兵法》《六韬》《司马兵法》《黄石公三略》《尉缭子》《李卫公问对》），诗艺、文艺、书艺皆为一流，更以对武艺、兵备之精通而为其时代之翘楚，其知识之全面，学问之淹贯，性情之耿介，意志之坚毅，古来实罕有其比。所有这一切，皆为其日后之立德、立言、立功预备了充分条件。

　　弘治十八年（1505），明孝宗朱祐樘驾崩，长子朱厚照（明武宗）登基。朱厚照喜欢打猎、骑马和射箭。他亲政之初，宠信宦官，于是太监刘瑾掌权，结党营私，排斥正直大臣，搜刮各地财物，命令内臣镇守者每人贡献万金，还侵夺民间土地，设置了三百多处"皇庄"，导致"畿内大乱"。

　　这种政治局面引起了当朝正直大臣的极大忧虑，于是以顾命大臣大学士刘健、谢迁、李东阳为首，联名上疏强烈谏言，列举刘瑾等人的罪状，要求清除阉党，廓清政治。但当时宦官势力已成，更有皇帝支持，正义力量反见消退。正德元年（1506）十月，刘健、谢迁都辞职归田。于是，以御史薄彦徽为首，联名南京给事中戴铣等人，上疏要求留下刘健、谢迁，并诛除刘瑾等阉党。刘瑾大怒，逮捕陆昆、薄彦徽、戴铣等人，全部下诏狱，各杖三十，并削籍为民。戴铣在狱中被杖致死。

　　这时的明朝政坛，真可谓黑云压城，风雨如晦。正是在这种情况下，当时不过是正六品兵部主事的王阳明，却冒死上书，为戴铣、薄彦徽等大臣鸣冤。尽管他上书的语气是委婉平和的，但措辞严厉，挺立正义。戴铣、薄彦徽原本就是"言官"，批评朝政本来就是他们的职责，如果他们说得对，朝廷应当采纳；即使说得不对，朝廷也应当包容。现在，他们在履行正当职责时却被关进锦衣卫大狱，若他们惨死狱中，则皇上必定会背上"杀谏官"的千古恶名，有损国家体统。因此，不论从哪个方面考虑，都应立即释放戴铣、薄彦徽，让他们官复原职。刘瑾没有料到，满朝文武都保持沉默时，一个小小的兵部主事竟敢放言高论，因而恼羞成怒，立即假传圣旨，将王阳明抓捕，并"廷杖四十"，继而扔进了锦衣卫的大牢。虽然受尽百般折磨，却终究是大难不死，出狱后，被贬为贵州龙场驿驿丞。

正德二年（1507）十二月，王阳明离开绍兴，一路万苦千辛，历尽艰险，于次年春天抵达贵州龙场。龙场今为贵州省修文县。阳明一抵达龙场，面临的首要问题便是寻一处栖身之所。当时的龙场仅仅是一个驿站，房屋稀缺，阳明不得不自力更生，搭建了一个简陋的茅草屋，虽难以遮风挡雨，但他却毫无怨言。即便如此，他依然积极投身于工作，深入探察当地的地理环境与民俗文化，这已成为他的一种习惯。每到一个新的地方，阳明总是率先了解当地的风土人情。他在龙冈山上发现了一个名为"东洞"的山洞，尽管内部阴暗潮湿，但至少能够躲避风雨的侵袭。于是，阳明搬入了这个山洞，将其命名为"阳明小洞天"，开始了他在龙场的岩居穴处的生活。外部环境恶劣，阳明的内心却异常平静，他想到了孔夫子的"欲居九夷"的志向，认为真正的君子无论身处何地，都能够适应环境，保持内心的平和与坚定。

王阳明在龙场开始了一种与原先截然不同的生活。他经受了病魔的折磨，遭遇了"绝粮"的危机，经历了穴处的艰难，克服了死亡的恐惧，也收获了当地人民的友谊。尽管生活异常艰苦，日与毒虫瘴气为伴，但"读书学圣人"的早年之志却愈加坚定，不曾有丝毫改易。在一个明月高悬的夜晚，他在静坐时，心中骤然升腾起一片光明，照彻内外，感到自己已然与天地万物融为一体。他发出了一声长啸，随从们被惊醒后发现他满身大汗但脸上却充满了喜悦之情。这便是著名的"龙场悟道"。

"龙场悟道"作为一个特殊的生命事件，实在是代表了王阳明新生命的开端。他自此不再纠缠于世间功名利禄，甚至生死的缠缚，他确信本心即是道、即是理，"圣人之道吾性自足"，只此无私的明白通透之心，方能主宰得世间事务，世事随心而转，而非心逐于外物，由此挺立人的存在的主体性，而以本心为标志的主体的现实生存世界，同时成为存在的意义与价值的世界。正因有这一重大转折，"龙场悟道"实为阳明心学诞生的标志，他从此也在思想上与朱熹正式分道扬镳。

"悟道"之后，王阳明旋即开始在龙场授徒讲学，以"立志、勤学、改过、责善"作为自己的"教条"，其实也代表了王阳明关于教育的根本理念。龙场讲学，某种意义上则可谓是阳明心学的最初传播。正德四年（1509），时任贵州提学副使的席书（字文同，号元山，1461—1527）来到龙场，经与王阳明数度往复讨论，以为"圣人之学复睹于今日"，于是力邀王阳明前往贵阳文明书院讲学。王阳明欣然接受席书的邀请，讲学于文明书院，首次阐释了"知行合一"。需要特别指出的是，"知行合一"是阳明悟道之后的思想结晶，是关于人的先天本原实性"心即理"的实践工夫，因此在贵阳文明书院宣讲"知行合一"，代表着阳明心学的真正诞生，是其体用完备之心学的最初建构。这一全新的思想，随着王阳明的足迹，迅速传播开来。一股时代的思想新风，即将席卷整个学术界。

正德五年（1510）春天，王阳明三年的贬谪期满，他被任命为庐陵县（今江西省吉安县）知县。他于三月十八日正式到任。在庐陵县七个月，处理了一系列的突发性事件。尽管他身体虚弱多病，但依然坚持身体力行，深入了解当地民情，体察民间疾苦，有效缓解了庐陵百姓的各种生活压力，可谓政绩显著。

在此后的五六年中，王阳明的职务多有变动，所到之处，皆有政绩，其政治声誉日益隆盛。同时，他每到一处，皆讲学不辍，弟子益众，以"知行合一"为特征的新学说，传播迅速，其学术声誉也日趋崇高。

到了正德十一年（1516）九月，朝廷任命王阳明为"都察院左佥都御史巡抚南赣汀漳等处"。朝廷之所以在此时给王阳明这样一个重任，是因为在江西、湖广、福建、广东四省交界地区，当时盗贼活动猖獗。这些地区山岭连绵，盗贼占据山头，相互勾结，严重扰乱了地方百姓的正常生活和生产秩序。自正德六年开始，朝廷即派遣官兵剿灭盗贼，但收效甚微。到正德十年左右，四省交界地区形成了三个最大的盗贼集团：（1）福建漳州府的小溪，以詹师富、温火烧为首；（2）江西南安府和赣州府的横水和桶冈，以谢志珊、蓝天凤为首；（3）广东惠州府的浰头，以池仲容（池大鬓）为首。

王阳明其实是不想赴任的。他一再上书朝廷，以身体不好为由要求致仕，但朝廷给他的答复是"不许休致"，并一再催促他上任。正德十一年（1516）十二月初三，王阳明从绍兴踏上了前往江西的征途。这一年，他四十五岁，而这一次的启程，也标志着他人生道路上的第二次重大转折，开启了后半生的军旅生涯。

正德十二年（1517）正月，王阳明到达赣州。不顾一路劳累，刚过元宵节，便于十六日开府，全力投入地方军政事务的处理。尽快肃清赣州及周边四省交界区域的匪患，是王阳明亟须解决的头等大事，也是他此番赴任的核心使命。上任伊始，他即雷厉风行地向辖区内的各府县颁布公文，言辞恳切而态度坚定，呼吁各地官员摒弃地域间的偏见与隔阂，以大局为重，同心协力，共克时艰；并特别强调，当务之急在于切实做好以下几项工作，并务必及时上报进展情况：

第一，对辖区内城堡关隘等军事设施的坚固程度、兵士数量、军事训练情况、作战能力等进行评估；

第二，详尽了解各地盗贼活动的真实情况，予以详细记录并提出处理意见；

第三，了解民间状况，包括熟悉地形的向导、富户人家、可作军屯的闲田等情况，列出具体姓名和数目；

第四，了解交通状况，绘制详细地图，确保真实可靠。

王阳明特别强调，以上工作务求实用，杜绝虚言，各府必须在一个月内完成。与此同时，他深入民间，了解各地实际情况，并总结以前官兵剿匪失败的经验教训。基于这些调查研究和经验总结，王阳明迅速判断军事形势，并立即开始战前准备工作，其中最重要的有两项。

其一，推行"十家牌法"。这是王阳明基于保甲法并进一步发展的一种户籍登记与查验制度，最初在城市居民中实行，后推广到乡村。每户门口悬挂木牌，写明户主姓名、人口数目、籍贯、暂住人员等，每十户为一单位，由其中一户每日负责核对查验，发现可疑人员立即上报官府，隐匿不报者十家连坐。此法切断敌人与山下信息交通，杜绝敌人探子进入的可能性，确保军事行动的机密性与有效性。

其二，训练民兵。王阳明发现本地官兵存在军费缺乏、兵力不足、作战能力脆弱、士气低落等问题，认为依赖"土兵""狼兵"是不利的。因此，他要求各府从民间选拔勇敢且有特长的人才，组成约2000人的队伍，集中到赣州城内，由他亲自训练。这支精锐部队优化了军队结构，从而振作士气，提高作战能力。

正德十二年（1517）二月，王阳明为肃清匪患所做的准备工作基本完成。他随即分析了敌我双方的基本军事态势，制定了逐步剿灭不同区域盗匪的行动计划，连续发起三次大规模的军事行动，我们不妨称之为"漳南战役""横水桶冈战役""浰头战役"。这三次大规模战役之后，到正德十三年四月，经过两年多时间，四省边界区域的盗匪全部肃清。值得特别指出的是，王阳明并不以战争的胜利为目的，每次战争之后，他均全面分析该地之所以盗贼众多的原因，发现不外乎文教落后、朝廷的政治管理薄弱所致，因此强化教育、提升百姓的文明素质，才是真正从本源上肃清匪患的可靠保证。为此，每次战役结束之后，他都上书朝廷，新建县治，设立县学，以强化地方的文化建设与政治管理。"漳南战役"结束后，他设立了平和县（今属福建省）；"横水桶冈战役"结束之后，他设立了崇义县（今属江西省）；"浰头战役"结束后，他设立了和平县（今属广东省）。更加需要指出的是，王阳明从来都没有忘记讲学，哪怕在戎马倥偬之际，他也未忘少年时立下的成为圣人之志，稍有空隙，即与诸生讲学，以讲明"知行合一"这一其学术的"立言宗旨"。当时的赣州，也成为阳明学传播的中心地。

剿匪战争结束之后，王阳明曾一再上疏，要求致仕，但均遭到朝廷的拒绝。正德十四年（1519）六月，他奉敕勘处福建叛军，遂离开赣州，顺赣江一路北上，他的本意是先过南昌，再往福建。十五日，他抵达南昌外围的丰城县，县令顾佖告知他一个惊人的消息：宁王朱宸濠（号畏天，明太祖朱元璋五世孙，宁献王朱权之玄孙，宁康王朱觐钧庶子，1476—1521）已经于前一天起兵谋反，并且已经攻占九江、南康。这一突如其来的消息，对王阳明来说犹如晴天霹雳，但他迅速镇定下来，判断当前形势，决定返回吉安。

朱宸濠是明太祖朱元璋的第五世孙。朱元璋建立明朝后，他的儿子们都被封为亲王，第十七子朱权被封为宁王。朱宸濠便是朱权的后代，于弘治十年（1497）袭封，成为第四代宁王。宁王的封地原本不在南昌，于永乐年间才改封于南昌。朱宸濠与明武宗朱厚照是同族，从辈分上来说，朱宸濠应算是朱厚照的祖父辈，尽管他只比朱厚照大了12岁。《明史》说朱宸濠为人"轻佻无威仪，而善以文行自饰"①，可见其举止轻佻，行为不端，惯行于巧言令色，却难以掩盖其自我傲慢的真实面目。按照明朝的规制，亲王虽无实际封地，但地位显赫，即便是朝廷重臣，在亲王面前亦需行跪拜之礼。尽管亲王不直接管理地方政务，却掌握着军事大权，各王府均设有"护卫"军队，人数众多，且亲王有权调动当地驻军。然而，明英宗天顺年间（1457—1464），因宁王朱奠培（即朱宸濠之祖父）触犯国法，其"护卫"军队被朝廷剥夺。故而当朱宸濠承袭宁王之位时，府中并无此等"私家军队"。朱宸濠深知，若无一支完全效忠于自己的军队，其称帝之梦无异于镜花水月。自正德二年（1507）起，他便开始精心布局，再施权谋，不惜重金贿赂朝中权贵。正德九年，宁王府的"护卫"军队得以重新设立。此举无疑让朱宸濠的谋反之心昭然若揭，他竟公然挑衅朝廷权威，企图

---

① 张廷玉等撰：《明史》，中华书局1974年版，第3593页。

"另立中央"。他自封为"国主"，将"护卫"更名为"侍卫"，将传达命令的"令旨"也换成了象征皇权的"圣旨"。这一系列举动，无不彰显出他篡夺皇位的野心。此后，朱宸濠更是大肆扩充私家军队，侵占民田，网罗党羽，甚至与地方土匪相互勾结，为非作歹，劫掠商船，对抗不顺从他的地方官员。其行径之恶劣，难以尽书。正德十四年六月十三日，朝廷派官员抵达南昌，奉命革去宁王府的护卫。朱宸濠自然不服，当日正值其生日宴请宾客，随即于次日将前来谢宴的官员软禁，宣布起兵，杀害不从者，废除"正德"年号，自立为帝，发布讨伐朱厚照的檄文。

王阳明闻知朱宸濠谋反的事实，经过最初的惊愕不定之后，迅速稳定情绪，在其谋士雷济等人的协助下，迅速制定了一系列应对策略。六月十九日，王阳明写成《飞报宁王谋反疏》，将朱宸濠谋反的情况报告给朝廷，希望朝廷派兵平叛。六月二十一日，因"叛党方盛，恐中途为所拦截"，王阳明再次遣人速递《飞报宁王谋反疏》①。与此同时，王阳明事实上已经开始迅速在江西省境内调集军队，进行一系列的军事布防，同时请求邻省湖广、福建、广东等地出兵。王阳明数年来在江西平定盗匪的军事业绩，为他赢得了崇高的军事声誉，江西境内各府县皆在其号召之下率兵前来。这些地方军队，事实上也就构成了平定宁王谋反的基本主力。

---

① 《飞报宁王谋反疏》，《全集》卷十二，第434—436页。

七月十八日，王阳明与各府县所率官兵在樟树会师，发出讨伐宁王檄文，旋即北进，屯驻丰城。此时，朱宸濠正率其主力军队围困安庆。按照朱宸濠的设想，攻克安庆，即可顺长江东下，占领南京，至少也可与北京分庭抗礼。王阳明誓师之后，当时众将认为当前急务是要迅速出兵解救安庆，然而，王阳明却根据当时实际情况，作出一个大胆决策：南昌是宸濠的根本之地，攻克南昌，朱宸濠必定回援，如此则安庆之围自解。在进攻南昌之前，阳明先对南昌城内居民发布告示，揭露宁王的罪行，并声明朝廷官兵不会伤及无辜，要求居民不要恐慌，各安生理。事实证明，这些告示在攻克南昌的战斗中发挥了积极的实际作用。七月二十日黎明，各哨军队均到达指定地点，对南昌发起进攻，攻克南昌。

得知南昌被攻占，朱宸濠撤围安庆，回援南昌。王阳明面对朱宸濠大军回援，决定采取积极进攻策略。他认为坚守南昌会让敌人来打歼灭战，而主动出击可以出奇制胜。七月二十三日，朱宸濠军队到达樵舍，王阳明利用鄱阳湖边芦苇设伏。各军队依计划发起攻击，朱宸濠军队大败。王阳明继续派兵收复九江、南康，为最终决战扫清道路。七月二十五日，朱宸濠再次进攻。因风势不利，王阳明军队一时退却。王阳明急速下令反击，并用假消息瓦解敌军士气，最终再次击败朱宸濠。七月二十六日，王阳明决定采用火攻策略，火箭如雨射向朱宸濠的战船，敌军大乱，朱宸濠被迫乔装逃走，但被王阳明预先安排的小渔船擒获。朱宸濠的核心集团全部被捉，王阳明下令追击残余敌人，平叛战争取得全面胜利。王阳明在江西临时纠集起来的2万—3万人，就这样击败了朱宸濠的10万大军。

正当王阳明已经平定宁王朱宸濠的叛乱，遣散各地军队，安抚南昌城中百姓，恢复人民生活秩序之时，皇帝朱厚照却突发奇想，认为这是"操练军队"的绝佳契机，决定亲自率领大军"御驾亲征"。王阳明最初以为朝廷尚未得知平叛捷报，故而导致皇帝作出了错误判断。八月十七日，阳明得知武宗将亲自带兵南征，于是上疏全力劝阻，并说明平叛战争已经结束，他即将亲自押送朱宸濠等俘虏到京城，献给皇帝。然而，他得到的却是皇帝下达的另一道命令，要求停止献俘，并等待他"御驾亲征"。王阳明这时才清楚地意识到，他已经陷入一场复杂的政治斗争之中了。

限于篇幅，我们这里不详细叙述王阳明在接下来的近两年时间里，是如何忍辱负重而与皇帝集团展开斗智斗勇的，是如何心系江西人民而尽力救灾以恢复百姓的生活秩序的，是如何放下个人恩怨而出以公心，惟正义之求，终于平定了"御驾亲征"这场实际上比宁王谋反还要更加难处理的重大事件的。总而言之，到了正德十四年（1519）底，王阳明终于以他青年时练就的射箭技艺，"三箭退兵"，使驻扎于南昌城的北方军队撤出了南昌城。自正德十四年八月武宗"御驾亲征"以来，一直驻兵南京，到正德十五年七月，已经整整一年，但"亲征"的战功却未有显著表现。为了证明"御驾亲征"的战功，武宗要求王阳明重上捷音。七月十七日，阳明对去年即已上奏过的

《擒获宸濠捷音疏》①进行了修改，突出了武宗的领导地位，并在奏折中加入了张永、张忠、许泰、江彬、刘晖等人"各领兵到南京、江西征剿"的内容，重新制作了《重上江西捷音疏》②。奏折提交后，武宗才开始商议车驾以胜利者的姿态返回北京事宜。

正德十五年（1520）闰八月十二日，朱厚照离开南京。九月，抵达淮安清江浦。在此，他雅兴勃发，亲自乘船捕鱼，却不慎翻船落水，虽得救，却自此患病。十月，抵达通州。十二月初五，朱厚照下旨赐死朱宸濠，并焚烧其尸体，扬弃骨灰。虽然朱宸濠罪有应得，但朱厚照的这一处理方式是不合礼法程序的，因此也引发朝野的广泛争议。十二月初十，朱厚照回到京城，举行了盛大的凯旋仪式。直到此时，"御驾亲征"事件才算结束，虽然其恶劣影响并未消除。

正德十六年（1521）三月，朱厚照在"豹房"中驾崩，年仅三十一岁，他指定了堂弟朱厚熜继位，是为嘉靖帝。嘉靖帝继位后，江彬等人被处以极刑，朝廷正气似乎稍有恢复，然而对王阳明的各种诬陷却未能昭雪。六月，嘉靖帝欲召见王阳明，但旋即又改旨让他不必进京，这足以说明朝中仍有人听信谗言，甚至认为王阳明擅自行动，反而是有过而无功。对王阳明而言，不论是他平定四省边界区域的匪患，还是平定朱宸濠的谋反，

---

① 《擒获宸濠捷音疏》，《全集》卷十二，第443—450页。
② 《重上江西捷音疏》，《全集》卷十三，第480—484页。

都不过是出于他的初心，是他的本心呈现而已，一切世间的名利荣辱，对他早已如"浮云过太空"一般，全然不再有丝毫的挂怀了，但他对家人的牵挂却总是难以舍弃的。自正德十一年九月离家，至当时已有五年，他曾四次上书请求回乡探亲，但均未获准，甚至到了杭州，也未能回家。此次朝廷改旨，他第五次上书请求探亲，终于得到了嘉靖皇帝的准许。

正德十六年（1521）八月，王阳明终于回到了阔别的家乡，与亲人团聚。九月，他回到余姚祭祖。十二月，朝廷封他为"新建伯"，并兼任南京兵部尚书、参赞机务。这一封爵的结果，并不表示阳明三年来所蒙受的无端构陷已经昭雪，更不表示正义与公平已经随着朝廷的"新政"而回归。事实上，朝廷封阳明为"新建伯"，只不过是搪塞舆论的一种手段，是迫不得已而作出的一种"姿态"，甚至也是朝中权臣的一种政治权谋——借着对阳明的封爵而搁置了正义。宵小的谗谤仍在沸腾，正义未伸；协力平藩的同僚诸官陟黜不定，公正未张。封爵的结果，实际上反而表明：王阳明再一次成为王朝内部权臣之间勾心斗角的牺牲品。王阳明所期待的并不是一己的高爵，而是面对事实本身，还原事实真相，使正义与公平能够体现为政治的基本原则。因此在嘉靖元年（1522）的正月初十，阳明上疏，请辞去封爵。

正德十四年至正德十六年（1519—1521），是阳明毕生事业达于鼎盛的时期，是其军事才能与政治智慧得到充分发越的时期，亦是继龙场之后，因政治环境之险恶而处于最为惊心动魄之危难境地的时期。他处处动心忍性，以国家人民的利益为唯一权衡，生死以之，无处无事不体现其无私的光明心体。正是在现实的生命实践之中，在现实事务的艰难磨炼之中，他再次深化了其思想体系的整体建构，提炼了其哲学思想之精髓，从而使其思想转进于一个全新的境界。

　　嘉靖元年（1522）二月，王阳明的父亲王华逝世，令阳明深陷于沉痛的丁忧哀思之中。彼时，他身心俱疲，病体缠身，几至不堪重负，亟须静养以恢复。他曾两度上书朝廷，言辞恳切，请求辞去封爵之荣，表现出对虚名浮利的淡泊超脱。

　　嘉靖三年（1524），阳明的丁忧期满，慕名而来的门徒和学子逐渐增加。他所倡导的良知学说，深刻揭示了人们内心深处本有却未曾显现的纯真本性。刚开始接触此说的人，或许心中有疑虑和恐惧，但最终都能豁然开朗，心境明朗。其学说的影响如风吹草低般迅速扩散，求学之士如云雾般汇聚，形成了轰轰烈烈的学习热潮。四方的僧舍纷纷成为讲学的场所，山阴禹穴，更是弦歌不断。这样的盛况令人惊叹其影响的广泛与深远。嘉靖三年十月，阳明弟子南大吉在绍兴对《传习录》进行了增刻，使之有了更广泛的传播。在此期间，阳明深深体会到了讲学之乐的独特韵味，享受着在思想的海洋中自由驰骋所带来的宁静深远之感，这无疑是任何世俗之乐都难以企及的。

嘉靖四年（1525）正月，阳明夫人诸氏不幸离世。她与阳明携手共度数十载春秋，情深意笃。诸氏的离去，对阳明而言，无疑是巨大的心理打击，使他沉浸在无尽的悲痛之中，心境也随之变得沉重。回首往昔，阳明所经历的磨难与痛苦，不禁令人唏嘘。他先是遭遇了父亲离世的沉重打击，未及从丧父之痛中走出，又不得不面对妻子逝去的残酷现实。然而，命运似乎并未因此而对阳明先生有所眷顾，反而让他陷入了更为艰难的境地。周围的谗言与毁谤如同锋利的刀刃，不断割裂着他与外界的联系，让他的心灵倍感孤独与无助。更为严重的是，这些精神上的折磨逐渐侵蚀着他的身体健康，疾病如影随形，时常侵袭着他的身体。然而，正是在这样的逆境中，他展现出了非凡的坚韧与毅力，始终坚守着自己的信念与理想。他的生命虽然充满了苦难，但也因此而更加璀璨夺目。

嘉靖四年（1525）九月，阳明回到余姚祭拜祖先。借此机会，他在余姚创立了学术讲会，并规定每月的初一、十五、初八、廿三为会期，要求弟子们在龙泉寺的中天阁集合。他亲自书写了揭帖，鼓励学生们要"五六日或八九日一见"，相互勉励，切磋琢磨，远离世利之纷华。这种讲会的形式，在当时颇为普遍，对于阳明学说的传播也起到了至关重要的推动作用。同年十月，阳明的门人在绍兴创建了阳明书院，进一步推动了阳明学说的传播与发展。

然而，时局的发展迫使王阳明不得不中断他所钟爱的这段讲学生涯。嘉靖六年（1527），朝廷命王阳明兼都察院左都御史，征广西思恩、田州。两广之命，是王阳明全部生命过程中的又一次重大转折。

思恩（今广西河池市环江毛南族自治县）、田州（今广西百色市田阳县）原为土司管理，两地知府皆为岑氏，但同族间积怨深重。田州府始设于洪武二年（1369），朱元璋命岑伯颜为知府，子孙世袭。岑伯颜的曾孙岑溥有两子，长子岑猇杀父，后被土目黄骥、李蛮所杀。岑猛继位后，因内乱逃至南宁，后被思恩知府岑濬囚禁，因都御史邓廷瓒干预才被释放。弘治十五年（1502），黄骥和岑濬联合攻打田州，岑猛再度逃亡。弘治十八年，朝廷撤销思恩的土司建置，设立流官知府，岑猛被降职为福建平海卫千户。

岑猛不满改土归流政策，多次试图恢复田州知府的职务，正德年间因协助征剿有功，被升为田州府指挥同知，但仍不满意。嘉靖二年（1523），岑猛发兵攻打泗城，认为是祖宗旧产。政府视其为叛乱，派兵讨伐。嘉靖五年四月，都御史姚镆率官兵 8 万攻打田州，岑猛不战而逃，被亲家岑璋毒死，首级被献给姚镆。田州土司建置被撤销，设立流官知府。田州土目卢苏与思恩土目王受得知此事，于是起兵，意在逼迫朝廷恢复土司建置。卢苏隐瞒岑猛死亡的消息，打其旗号，迅速聚众数万，攻占田州，王受也攻占思恩。他们表示愿意接受招安，但姚镆不理，调集四省兵力征剿，结果战败。

嘉靖六年（1527）六月六日，兵部下达命令后，阳明随即于同日上疏，坚决推辞这一任命，但朝廷没有批准。七月初七，朝廷再次颁布敕令，特别命令阳明提督两广及江西、湖广等地的军务，务必迅速前往，立即查明上述夷情，了解田州为何再次反叛，思恩如何失守。具体对策则应与姚镆等人审慎商议，对于尚未显露叛乱的夷人，如果可以安抚就应安抚，对于已露出反迹的则坚决剿灭。所有主客官兵都应灵活调遣，主副将官及三司等官员均须听从阳明的指挥。为此，姚镆被令退休。九月初，朝廷再次降旨给阳明，令其尽快上任。

在朝廷的再三催促下，阳明开始准备启程前往广西。这一新的任命，并非意味着朝廷对阳明多年来所受的不公已给予澄清，更非重用他，而只是因前任官员对地方事务处理不当，导致地方混乱，急需他的才能去收拾残局。此刻的阳明，身体已相当虚弱，久咳不愈的症状尤为严重，而前往思恩、田州的路途有千里之遥，不仅劳累，更有兵甲相伴，他几乎能预感到前方的未知与艰险。数十年间，他东奔西走，历经无数艰险，虽遭遇重重困境，却铸就了内心的坚韧与光明，磨砺了良知，开阔了思想世界。近年来，他在越城讲学，良知之论如春风拂面，启迪人心，兴起士林，也为他历经沧桑的心带来了慰藉。然而，在这即将远征之际，他最担忧的仍是后辈因沉溺于俗世而忘却对本然良知的坚守。同年八月，在入广之前，他写下了《客坐私祝》①，对子弟士友留下了深情的嘱托。九月初八，出发的前夜，他设宴与诸生辞别，待宾客散去之后，又在"天泉桥"上

---

① 《客坐私祝》，《全集》卷二四，第1020页。

与钱德洪（字德洪，改字洪甫，号绪山，人称绪山先生，浙江余姚人，1496—1574）、王畿（字汝中，号龙溪，学者称龙溪先生，浙江山阴人，1498—1583）讨论学术，阐明了"王门四句教"，是为"天泉证道"。

次日，王阳明从富春江溯流而上，过衢州、常山，一路多有题咏。进入江西省境，再从广信（今上饶）乘船，沿信江经贵溪、鹰潭而入鄱阳湖，于十月至南昌。故地重来，他受到了南昌人民的热烈欢迎。江西的父老乡亲们的质朴真情深深触动了阳明的心弦。每当他回想起八年前那场平定朱宸濠谋反的硝烟战火，尽管岁月如梭，山河依旧屹立，但战鼓的回声和刀剑碰撞的鸣响似乎仍旧在耳边回荡；尽管历史的洪流已将战争的痕迹冲刷得淡去，但人民生活的困苦与艰辛却仍历历在目。一种既感动又愧疚的情感，不禁在他的心中油然而生。在南昌，他怀着敬仰之情参谒了文庙，并在明伦堂开设了一场《大学》的讲座，场面之盛大，前所未有。随后，他离开南昌，溯赣江向南而行，抵达了丰城，并再次登上了黄土脑。望着这片曾经见证过宸濠之乱的土地，目睹当地百姓仍在横征暴敛之下艰难求生，阳明心中不禁感慨万千。及至吉安，阳明受到数百名弟子与士友的热情迎接，入驻螺川驿。在此，他或许进行了一生中最后一次大规模的公开讲学。他倾囊相授，将自己历经千辛万苦所磨炼出的真知，毫无保留地传递给这些年轻学子，期望他们能够传承并弘扬圣学的精神。

十一月十八日，阳明抵达了广东肇庆。这里已经接近广西的边界，他沿着西江逆流而上，只需数日便能抵达梧州府。然而，随着离家的日子越来越长，他心中不禁生出了些许的挂念和忧虑。虽然身负王事重任，他不得不勉力以赴，但他仍然无法忘记那些家乡的弟子和士友们。于是，他写信给钱德洪、王畿等人，表达了对绍兴书院及余姚各会同志诸贤的深切关怀和期望，鼓励他们继续坚定地走在圣学的道路上，不断追求心体的开明和进步。

十一月二十日，阳明抵达广西梧州府，旋即于梧州开府，着手切实处理平定思恩、田州之乱的各项军政事务。事实上，阳明早在到达广西之前，已就思、田之事的平息展开了一系列工作。十月初三，他刚进入江西地界，就立即行文江西、湖广、广东、广西各省镇、守、抚、按各衙门，要求就卢苏、王受反叛之事的实际情由以及应该如何恰当处置各陈己见。

当王阳明了解到卢苏、王受起兵的前因后果，认为应当以安抚为上策。他建议朝廷赦免卢苏、王受，认为战争不会得到当地民众支持，旷日持久会带来大量军费消耗，损害朝廷威信。因此，阳明向朝廷建议，"改土归流"政策应区别对待，少数民族地区应采取民族自治的方式，以获得民众支持。后来，王阳明平复思、田之后在当地所采取的政策，即是一方面，仍设立土司知州，以顺应当地少数民族群众的民情风俗，体现对少数民族的生活方式与文化传统的尊重；另一方面，又设立"流官知府"以加强对少数民族政权的监管与引导，强化少数民族群众对中央政权的认同，表达出他对朝廷政治管理的统一性的重视。

十二月初五日，阳明抵达平南县，与前任都御史姚镆顺利完成了公务的交接。到了十七日，他派遣千户梅元辅、舍人王义、百户邓瓒、舍人赵楠等人，携带令旗令牌以及军门牌谕，前往田州、思恩两地，亲自交给土目卢苏、王受，并嘱咐他们当场宣读，使麾下将士皆能明了。阳明对梅元辅等人再三叮咛："抵达目的地后，务必即刻交付牌谕，并即刻返回，切勿在当地逗留，以免滋生事端，扰乱百姓。"与此同时，大约在二十二日左右，阳明与巡按纪功御史石金、广西右布政使林富、参政汪必东、邹輗，以及副使祝品、林大辂，金事汪溱、张邦信、申惠、吴天挺，参将李璋、沈希仪、张经，以及前任副总兵都指挥同知张祐等众位官员，就思、田事件的最终处理方略进行了深入的讨论。经过激烈的讨论，各位官员达成了共识，他们一致认为："思恩、田州之战，已经持续了两年有余，战火连绵，两省百姓深受其害。兵力疲于奔命，民脂民膏被消耗殆尽，官吏们也在疲于奔命中疲惫不堪。如今，这片土地就像一艘在狂风巨浪中漂泊的破船，覆灭的危机，已是昭然若揭，无需智者便能看出。"鉴于这种严峻的形势，若继续进行战争，不论胜败，都将面临"十患"；而若选择停战，实行招抚，则有"十善"。至于先前当权的官员们，他们往往倾向于以进兵为利，但阳明却洞察到了其中的"二幸四毁"。正是基于这种对"十患十善"的深刻理解和"二幸四毁"的精准剖析，阳明坚定地认为："今日的招抚之策，利大于弊，势在必行，无需再有任何疑虑。"

因此，十二月二十五日，阳明抵达南宁府，便立即向广西右布政使林富行文，下令解散原先所调集的各处官军，让他们"回归农田，及时耕种，同时防守城池"。"唯独湖广永（顺）、保（靖）二司的士兵，暂且留下听候命令，待沿途的夫马粮草准备妥当后，再行遣返。"在短短数日之内，数万军队得以解散。考虑到这些归农的士兵可能缺乏必要的路费，甚至可能会将手中的马匹、刀枪等军用物资出售以换取资金，阳明又命令动支军饷，将这些物资尽数收回，这样既能够补充军队的物资需求，又能够稍微缓解士兵们的经济压力，真正实现了军民两便。

卢苏和王受原本没有反叛之心，他们四处逃窜、躲藏在山林中，只是为了避开官军的围剿，保全性命。王阳明的一系列果断措施，尤其是撤走各处防守的士兵，无疑让他们看到了生还的希望。嘉靖七年（1528）正月初七，卢苏和王受派遣头目黄富等十余人前来军营，表达了接受招抚的愿望。王阳明对他们表示安抚，告知他们如果诚心投顺，可以免除一死。同时，他向卢苏和王受发布告谕，敦促他们率部投降。卢苏和王受收到告谕后，跪拜欢呼，声势浩大。随后，他们撤去守备的士兵，率领部众前来投降。王阳明得知后，于正月二十四日派遣南宁府通判陈志敬前往告谕卢苏和王受："务必要严格约束下属，经过地方时不要侵犯百姓的财物。尽快赶赴军营，听从约束，不要在途中迟疑，避免引起远近的猜疑，自己招致罪悔。"正月二十六日，卢苏率众四万余人，王受率众三万余人，抵达南宁府城下，分为四个营地驻扎。次日，卢苏和王受自缚前来投降，各自带着数百名头目向军营请降。卢苏和王受虽是畏死投降，但他们在这一带骚扰两年有余，惊动朝廷，滋扰三省之民。如果不稍加惩罚，无法消解军民的愤怒。于是，王阳明命人将卢苏和王受各杖打一百，以示惩罚。卢苏、王受及其人众皆叩首悦服。

在平定了思恩、田州事件之后，王阳明又着手处理各项善后工作。在这期间，阳明发现如思恩、田州这些少数民族相对比较集中的地区，由于教育落后，道德教化不能普及，直接影响了政治管理的效果。因此，他兴办了思田学校，在宾州创办宾阳书院，在南宁创办敷文书院，并亲临讲席。学校与书院的创办，不仅体现了王阳明以道德为先的政治观念，同时也促进了汉族文化在少数民族地区的传播。

嘉靖七年（1528）二月，王阳明对思恩、田州进行招抚后，开始谋划清剿断藤峡、八寨的少数民族武装。因为这些地方武装正在越来越严重地干扰着地方的政治管理秩序与当地人民的生活秩序。在王阳明毕生的军事生涯之中，这是他的最后之战。

断藤峡原名"大藤峡"，这一名称源于岸上生长着粗大的藤本植物，这些藤可横过江面供人通行。断藤峡位于广西桂平县境内，是一条全长40多公里的峡谷，地势险要，周边多为瑶族和壮族等少数民族居住区。由于当地居民与汉族居民的文化和生活习惯存在明显差异，导致地方治理复杂。明朝成化年间，韩雍率军围剿当地少数民族武装，砍断了这些藤，遂改名为"断藤峡"。"八寨"则指的是今天广西壮族自治区上林县、忻城县境内的多个山寨，这些地方地形复杂，交通不便，成为少数民族武装活动的主要据点。自明朝初年起，朝廷就不断对这些地区的少数民族武装进行军事清剿，但成效不佳。

王阳明将断藤峡之战分为两个阶段：第一阶段攻击牛肠、六寺、磨刀三个大寨，第二阶段攻击仙台、花相两个大寨。湖广士兵分为六路，对三个大寨进行合围，迅速突破敌人防线，取得了初步胜利。随后，王阳明发布军令，转入第二阶段的作战，攻击仙台、花相大寨，并赢得了最终胜利。断藤峡之战结束后，王阳明将目标转向八寨。八寨与断藤峡虽然相互勾连，但地域更广，地形更为险要复杂，山寨更多，因此作战也更为艰难。八寨之役是作为整体的断藤峡、八寨战役的一个组成部分。在阳明的整体谋划之中，它们是被作为一个整体来设谋运筹的。但由于作战的主力军队以及作战对象均有不同，战略原则及用兵方法也有差异，因此在实际的军事行动中，八寨之役便成为一场相对独立的战役。是役始谋于三月下旬，实际部署于四月初，具体实施于四月下旬，而基本结束于六月中旬。

断藤峡、八寨之役，共计"擒斩获三千五名颗，俘获贼属一千一百五十五名口"。长久以来，这些以鸷猛强悍著称、屡剿不绝的断藤峡、八寨诸山寨，在短短数月间，便化为灰烬，烟消云散。阳明对各有功官员、土目一一论功行赏。七月初十，阳明上书朝廷《八寨断藤峡捷音疏》①，详尽汇报了征剿八寨、断藤峡的实际情况，并为有功官员、土目请功。七日之后，他又上奏《处置八寨断藤峡以图永安疏》②，提出了对八寨、断藤峡一带保持长久安宁的深刻见解及详细方案。

两广的大事已经处理完毕，王阳明可以毫无愧疚地向朝廷复命了。一旦从战争的纷杂事务中解脱出来，他的心思便立即回到了故乡的讲堂。他致书钱德洪、王畿，表达了他热烈的期盼之意。他对家乡的眷恋、对同志的怀念、对后生晚辈的殷殷厚望、对其精进于圣人之道的热切激励与拳拳期待，都尽情地坦露于这寥寥数语之中。虽疾病缠身，但他仍感到快意。

他期待着早日可以回到家乡，徜徉于池塘春草，体味着天心月圆，与众弟子讲论良知而商略心得，优游于宁静活泼而又高远浩瀚的思想世界，潇洒地享受着心灵本体之澄明的无限欣悦。

这时的王阳明还无法预料，他牵肠挂肚的会稽山水，他魂牵梦萦的圣学讲坛，竟会真的成为他魂兮归来的地方；他更不会料到，先前平定朱宸濠谋反的战争结束之后小人们对他的诬陷仍会继续，甚至他对八寨、断藤峡的征剿竟然也会成为小人们对他进行诽谤与诋毁的理由。

嘉靖七年（1528）八、九月间，阳明的身体状况已极其糟

---

① 《八寨断藤峡捷音疏》，《全集》卷十五，第555—566页。
② 《处置八寨断藤峡以图永安疏》，《全集》卷十五，第567—576页。

糕，但他仍带病四处勘察地形，为国家长治久安作出深谋远虑的规划，并竭力处理平定八寨、断藤峡后的善后事宜。十月，阳明从横州返回南宁，身体病情恶化，不仅咳嗽加重，又因气候炎热、水土不服及军旅奔波，出现全身肿毒的症状。他的咳嗽昼夜不息，饮食难以下咽，每天只能勉强喝些稀粥。尽管病重，阳明心里仍然希望尽快返回家乡，以便延请大夫诊治。

十月，阳明返回南宁时，船经过急流险滩乌蛮滩，他命船工靠岸，拜谒伏波庙，这一场景仿佛应合了他十五岁时做的梦。他在庙中题诗两首，表达对冥冥中不可思议力量的感慨。回到南宁后，阳明于十月十日上书朝廷，陈述病况，请求朝廷尽快派人接替两广巡抚之职。他计划一边走一边等待朝廷派人，完成最后的公务交接。然而，他的上书被内阁大臣、吏部尚书桂萼扣留，朝廷并不知情。几日后，王阳明病情加重，将公事托付广西右布政使林富，离开南宁顺水东行。

到达广州后，阳明拜访老朋友湛若水（字元明，号甘泉，广东增城人，1466—1560），但未见到他，只能在湛家留诗一首，表达内心的遗憾。离开广州之时，阳明的病情再次加重，除了咳嗽不停、遍身肿毒之外，又增添了腹泻，甚至于双脚已经不能自如地坐立了。然而，他万分焦急地等待着与盼望着的新任两广巡抚，却仍然是毫无踪影！迫不得已，他只好打算稍等几天，如果再见不到接替他的新任官员的到来，便继续东行。阳明无法料到，他向朝廷递交的所有关于病情陈述及请求返回原籍治疗的奏疏，仍为桂萼所扣留，导致朝廷对真实状况一无所知，自然也不可能派遣新任官员接替其职务。自十月上旬迄今，已整整一月有余，阳明先生因等待新任官员到来以完成公务交接，走走停停，实则贻误了治疗时机。鉴于病情日益恶化，已至刻不容缓之境地，他最终决定不再拖延，毅然东行。十一月二十一日，阳明先生翻越大庾岭，踏入江西省界，随后顺章水而下，于十一月二十五日抵达江西南安（今大余县）。

到了这个时候，阳明的身体已经是极度衰弱，病情已经十分危重了！刚离开南宁的时候，虽然他的身体在病魔的摧残之下已经日益衰颓，但期盼朝廷派遣新任官员来接替他的工作的愿望支撑着他，一定要回到故乡的愿望和信念支撑着他，而过了大庾岭之后，也就进入了江西省的南安、赣州地界。那一片土地，是他再熟悉不过的地方，他曾经踏遍那里的山山水水，在那里战斗，在那里生活，在那里体悟圣人之道，付出他思想的智慧，绽放他生命的华彩。是的，在阳明的心目之中，江西早就已经是他的第二故乡，他已然回到了故乡的怀抱，他可以安心了！

嘉靖七年（1529）十一月二十九日（1月9日），阳明先生逝世于停泊在南安府青龙浦的卧船之中，享年57岁。

事实上，当阳明先生挥别广州之际，他的弟子们眼见他的病情日益沉重，已至凶险之境，便已经挑选了棺木之材，随船同行，一路护送他。抵达南安后的第二十五日，南安县推官、阳明先生的弟子周积闻讯，立刻前来探望。阳明先生虽病体屡弱，却仍勉力支撑起身子，他轻声问周积："近日学问可有长进?"周积如实回答，并关切地询问阳明先生的身体状况。阳明先生叹息道："我的病情已至危急之境，之所以能撑到现在，不过是凭借一丝微弱的生命力罢了。"即便在生命的最后时刻，阳明先生仍旧关心着弟子的学问，牵挂着圣人之道的践行。二十九日，阳明先生召唤周积至病榻旁。此刻，他双目紧闭，气息奄奄。过了许久，他缓缓睁开双眼，平静地对周积说："我去了。"周积泪眼婆娑，询问有何遗言，阳明先生却微笑着说："此心光明，亦复何言！"言罢，便安详地闭上了眼睛，与世长辞。

当阳明先生的灵柩离开南安，沿途经过江西各地，每到一处，弟子门人和百姓们无不悲痛欲绝、顶香祭奠。不论是在城市还是在乡村，甚至是在深山幽谷，男女老幼皆身穿素服，匍匐哀号，如同失去了至亲。嘉靖八年十一月十一日（1529年12月11日），阳明先生的灵柩被安葬于绍兴离兰亭约五里的青山之间，这是他生前为自己选定的安息之地。他的坟墓背靠青山，绿树环绕，前有一条名为洪溪的清澈溪流，再前方则是肥沃的原野。

阳明先生的葬礼是既隆重而又冷清的。来自全国各地的1000多名门人弟子纷纷前来为他送行，使葬礼显得格外隆重。然而，朝廷对他的去世却没有任何表示，既未给予恤典，也未赐予谥号，更无官员前来参加，仿佛他本就是一位普通的平民。他的墓碑上仅刻着"王阳明先生之墓"这几个简单的字，却足以彰显他胸次洒落、心地光明的一生。

第二章

阳明心学的整体建构

王阳明的心学，在过去的哲学教科书中，通常是被作为"主观唯心主义"哲学而受到批评的，其实这多少是一种误解。作为一种思想体系或哲学，王阳明的心学是明代中叶之后中国思想界的主流思潮，其影响之广大，远及于日本等国，从而使王阳明成为一位具有世界性影响的思想家与哲学家。

王阳明的学说，其总体的体系性结构是由四大命题构成的：（1）心即理；（2）知行合一；（3）致良知；（4）万物一体。这四个方面的理论及其相互联系，构成了王阳明思想的有机整体。而这些命题之间，则存在着内在完整的逻辑架构。

"心即理"的观点，是王阳明学说的基础性理论，也即他全部思想所建立的基点，是他的"立言宗旨"。我们每一个人都具有"本心"，这一本心实际上也就是我们生命的本原或本质。我们之所以具有各种各样的生命活动，不仅能够视听言动，而且能够分辨善恶、能够感知外物，能够就事物之间的关系进行判断、推理，根本原因即在于我们具有这样一个"本心"，如果没有这一"本心"，那么我们的全部生命活动就都是不可能的了。他要强调的是，这一"本心"原来是包含着最高的"天理"或者天道的，"天理"不外乎人心，天道即是人道，所以

"天理"就存在于人心，天道即是我们的"本心"。他说"心即理"，就是要我们都要明白这样一点：我们的"本心"或者本质原本就是与天道相一致的。人之所以可能是高尚的，根本原因正在于此。"心即理"的观点，其实就是要我们能够自觉地意识到自己的本质原本与天一般高明，与地一般博厚，这样我们才能够光明正大，在天地间堂堂正正地做个人。"心即理"就是我们生活当中立足的基点，有了这个基点，我们的生活才不至于迷失方向；有了这个基点，我们才能够真实地把我们自己的本质表现在生活实践的各个领域，从而成为一个有道德的人，一个高尚的人，一个脱离了低级趣味的人。

"知行合一"是王阳明"龙场悟道"之后最早阐释的观点，就其根本意义而言，则是把"心即理"这一人的存在的本原实性表达出来的根本手段，或者如以前的说法，称之为"工夫论"。没有"知行合一"这一工夫实践方式，"心即理"是无法得以呈现的。正因此故，"知行合一"即王阳明最初的观点，也是他最后坚持的观点，可以说是贯穿于他一生的根本思想之一。"知"的意思，我们大抵析之为四个层面："知觉""感知""知识""良知"。不论在何种意义上，"知"都与"行"（有内外二维）相互同一，才真实展开了人本身存在的完整性。就此而言，所谓"知行合一"，实际上是一种关于人的存在及其意义与价值的学说。

"知行合一"之"知"的最后一个意义层面，将它单独提取出来，即是"致良知"。因此就思想展开的基本逻辑而言，"致良知"是"知行合一"的自然延伸，但它的意义却又是可以反回去兼摄"知行合一"的，就此而论，则惟"致良知"为阳明心学的末后之教。"良知"云者，即所谓"民之秉彝，好是懿德"，实即心体，是我们从天道那里所获得的"德性"本体。这个"良知"是每一个人都具有的，并且它永远都在，不会消失。生活当中之所以不是每一个人都是"好人"，之所以还有各种各样的恶言恶行、恶人恶事，不是因为那些人没有"良知"，而是因为那些人不能"致良知"。所以王阳明强调，"良知"就是我们的"本心"，就是我们的"本性"，就是我们本来圆满成就的"德性"，只有"良知"的表现与实现才是我们生命所应有的本来面貌。所谓"致良知"，也就是要在充分意识到自己本有"良知"的前提之下，把"良知"充分地实现出来，通过我们日常生活当中的意识活动、语言表达、行为实践，把"良知"贯彻到我们生活领域的各个方面。按着王阳明的观点，我们之所以不一定能够把一件事情做好、做完善，不是因为事物本身有什么毛病，而是因为我们自己的心灵状态存在不端正。事物本身总是无所谓端正不端正的，只有我们的心灵状态存在着端正不端正的问题。如果我们以端正的心态去做事，那么事情就能够做端正、做完善，所以工夫还是要从"心"上做。心态端正的标准，就是符合我们自己本有的"良知"，"良知"就是我们自己的"定盘针"，是我们"自家的准则"。依着这个"自家的准则"去做事，就是"致良知"，所以他说，"致良知"就是要把自己的"良知"推致于事事物物，使事事物物皆得其正。这样我们也就可以知道，"致良知"不只是一种理论，而更是一种实践，是与我们日常的生活实践息息相关的。这种"致良知"的实践活动，是把我们自己与外界的事物、人物、世界本身联系在一起的根本环节与途径。

　　"致良知"的实践活动，作为"知行合一"的一种展开形式，作为本原德性之实现的现实途径，要求我们的意识活动、语言表达、行为实践都必须合乎"良知"的本来面目，在这一意义上，我们日常生活当中的"致良知"或者"知行合一"，事实上就是通过我们自己的经验行为，把自己的本原——真实德性体现到了特定的"对象性交往关系情境"之中了，于是对象才真正成为作为主体的真己的对象，真己与对象便因此而在特定的对象性交往关系情境之中融为一体。若主体在任何对象性交往关系情境之中，皆能真实"致良知"，把真己呈现、实现出来，那么就其终极境界而言，一切事物就皆因其纯粹客观性的消解而成为主体的对象化存在，其终极的圆满境域，便是"万物一体"，是通过"致良知"而实现的仁心充沛流布而无一物之或遗的美大圣神境界。

"圣人之道，吾性自足"，是阳明"龙场悟道"的基本内容，其实质是对于"吾性"或心之本原与宇宙之道本质的同一性的确认，并由此得出了"心即理"的结论。"理"即是"道"，它是宇宙间无始无终、无处不在的终极实在。"心"并非我们常人所理解的那一团血肉之躯，而是指本心，即人的本原性实在。因此，"心即理"便是"本心即道"。

哲人们喜欢问此类话题，比如"心即理"作为人的本初原在的根本实性，这一点是如何可能的？它是"假设"还是"呈现"？据说二十世纪三十年代，冯友兰先生曾认为"良知是假设"，而熊十力先生则认为"良知是呈现"，由此还成了现代新儒家的一段"公案"。在牟宗三先生看来，说"良知是假设"的冯友兰先生显然是境界低了。不过在我看来，所谓"假设"却未必是指它假，而是良知作为人的本原性实在，作为本初存在之"极"，这一点是需要预先建立起来的，若如此理解，则人人确认自我良知本体之本然存在，其实也即"建中立极"，唯有此极之建立，方有可能"呈现"，否则良知从何处"呈现"出来？我全然没有必要为冯友兰先生辩护，而只是想要表明："心即理"作为一个关于人的存在实性的本原性领悟，它是需要被作为一个先天的"事实"在个体那里率先建立起来的。有了这一关于存在的本原实性的建立，它才成为个体处于现实世间之生存过程中的真正可靠的"主体"，生命的全部经验行为与活动才有了"会其有极""归其有极"的存在与价值的根本原点。不过，我们的确需要追问："心即理"作为存在之极，或所谓本原实性，它是如何可能的？

基于世界现象的多样性而追问、探寻、描述世界与人的存在起源，并总是试图将之领悟为某种原始的、一切万物在共相上所共享的某种或某些简单元素，其实是人类在世生存过程中的一种共相特征。关于世界存在的哲学，或哲学的世界观，正从此起步。例如，古希腊的人们试图通过"始基"的"发现"来解释世界。它可以是"火"，也可以是"水"，还可以是"原子"。尽管世界呈现出来的形态是复杂多样的，千差万别的，但究其根源，均源于某一"始基"，那么"始基"即是存在的本质，即是超越了无限多样性而又统摄了一切多样性的原始本质。把握了"始基"，便即等同于把握了"真理"。

基督教主张"上帝"创造了包括人在内的全部世界，那么实际上，上帝即是"始基"。世界的存在，是"上帝"表达其意志而言说的结果。在这里，超越于一切世界事物的原初实在者、意志、语言、逻辑、对象物作为"现象"而存在，乃展开为一个完整的统一体。现象背后是存在着本真的超越者的，而由于现象物存在是合乎原初存在者的本初目的的，因此一方面，超越的实在者以某种可以被领悟的方式而存在于一切造物之中；另一方面，一切作为现象的所谓事物存在，本质就并不具有终极的真实性，但它们的真实性是可以被还原的。因此在基督教的神学哲学观下面，"上帝存在"是必须坚持的第一原理，并且正是它的"存在"统一了全部世界。

在古老的印度文化中，按照吠陀经典与奥义书的阐释，世界在获得显现之前，其原初的真正本质（大梵）是以"金胎"的方式而存在的。世界存在形式的多样性，即是大梵自我实相之多样性所实现的暂时结果，但不管如何，大梵的神性，即是一切世界存在样态之无限多样性的本质统一性。领悟了大梵之神性的实在、真实、永恒、普遍，便是领悟了全部世界。就世界现象而作回溯性还原，一切可感物皆无非地、水、火、风"四大"而已。佛教否定大梵之"神我"，却承认一切事物形态不过皆由"四大"结构而成。请特别注意，释迦牟尼与中国的老子一样，当人们皆尽其心力于存在物存在的建构中的时候，他们却反过去思考问题：凡是一切由"部分"和合而形成的"存在"者，它在作为"结构者"而存在的同时，乃是必然地包含着其自身的"解构性"的；正因此故，"存在"的同时即是"非存在"。所以释迦牟尼以为"四大皆空""诸法无我"，而老子则阐明"反者道之动"，"有生于无"。请大家相信，这些极为卓越的观点，同时也是世界哲学中最早的关于"非存在"的思考。"存在"与"非存在"呈现为过程上的同一性，那么世界统一于"存在"呢？还是统一于"非存在"呢？还是"存在而非存在"呢？还是"非存在而存在"呢？照此推演下去，至一世纪大乘佛教时代，印度中观派出现于世，于是"八不中道"成为人们关注的焦点。中道即是实相。

同样的，在中国古代文化中，我们熟知的五行——金、木、水、火、土，亦被视作构成世界无限多样性的基元。这一理论解释了为何古代对于世界的理解多围绕五行展开。把握五行，实际上便是把握了世界纷繁表象背后的统一本质。中国文化同样是要解决世界现象的多样性，以及现象本身的统一性问题的。而在与希腊、印度宗教等的比较当中，我们便可以发现中国人是有着独特的、关于世界的统一性问题的不同处理方式的。我们对某一自然事物的认知，不是通过理论或概念，而是通过"体认"。所谓"仰则观象于天，俯则观法于地，旁观神明之德，以类万物之情"，这也许与作为中华文明之根基的农耕文化传统息息相关。在太阳不断东升西落的简单律动中，一切万物都在改变着自己的生命状态。人类及其他万物都在这律动中生存和毁灭，完成各自的生命周期。因此，在中国文化中，每次死亡都标志着新生命的开始。整个宇宙现象是一个无限、持续更新和展开生命丰富性的循环，这就是所谓"生生不已"。它代表着宇宙自然生命中展现出的无尽的、有序的生命规律，而这一整体所表现出的秩序性，我们称之为"天道"。

道是原初存在及其秩序的统一。天道就是宇宙自然的、无限的生命实相及其秩序的统一。一切万物之所以有生存毁亡，获得它各自的、独特的、自我的生命样态的呈现，进而构成整个世界的无限的丰富性和多样性的本原，就是因为有"道"。一切万物之所以能够获得各自独特的生命存在，是因为它们有得于道。从道的角度来看，道并不是以产生一切万物为目的，然而它却同时孕育了一切万物的存在。因此，老子所言的道"无为而无不为"，"无为"指的是道自身的自然状态，而"无不为"则是指道自然而然地产生了一切事物，没有任何意图或目的。这两者是密不可分的。从这一角度看，道是天下万物产生的根源和本原。而在农耕文化的语境下谈根源和本原，强调的是其"能生"之意，故老子亦言"有物混成，先天地生。寂兮寥兮，独立而不改，周行而不殆，可以为天下母。吾不知其名，字之曰道"①。"道"作为万物的本原，万物从道获得其存在的根据和本质。人亦如此，无论是人还是物，皆从道获得其存在之本质。这种存在本质，我们称之为"德"。德具有多样性，而道则是唯一的，这体现了中国思想中"一"与"多"的独特关系。以树为例，不同的树因从道获得的德之不同，而呈现出不同的生命样态。在个体层面，德即性，性与德是同一的。如儒家所言，《中庸》中提到"性之德也，合外内之道也"②。就人而言，我们同样从道获得"德"，从而拥有自身的存在。这种从

---

① 高明撰：《道德经》二十五章，《帛书老子校注》，中华书局2020年版，第350页。

② 朱熹撰：《中庸》，《四书章句集注》，中华书局1983年版，第34页。下引该书仅注明篇名、页码。

道获得的"德"便是人的本性。因此，人与物在道的视角下处于同一序列。人与自然之物皆从道获得存在本质，因此人性与物性相通。孟子所言"尽其心者，知其性也。知其性，则知天矣"①正是基于这一逻辑。通过尽心、知性，我们可通达于天，因为性源于天，即源于道。这一逻辑关联为我们提供了向上追求的路径。以上观念则是"心即理"提出的思想背景。

在"龙场悟道"之前，王阳明一直沿袭朱熹的思路思考问题并指导生活实践。然而，他在实践中遇到了一个问题：即使能理解朱熹所述的天理存在于一草一木之中，但如何能够真实地表达个体内在的真实意图？换言之，外在的理和内在的诚意之间有何联系？直到王阳明到达龙场，在那个特定环境中，他开始向内部寻求答案，开辟了与朱熹截然不同的思想道路。王阳明首先经由"道"的观念确认，世界上包括人类在内的所有事物，本质上都具备某种形式的统一性。

按照《传习录》的记载，徐爱向王阳明求教："至善只求诸心，恐与天下事理有不能尽。"王阳明答道："心即理也，天下又有心外之事，心外之理乎？"②这可视作"心即理"观点的首次明确阐述。"吾性"或心之本体既同一于"理"，则心体即道体；若道是天下一切万事万物的本原性实在，心体与道体便为同一真实，同为实相；若道为宇宙一切事物之理的总相本原，

---

① 焦循撰，沈文倬点校：《孟子·尽心上》，《孟子正义》卷二十六，中华书局1987年版，第877页。下引该书仅注明篇名、页码。
② 《传习录》上，《全集》卷一，第175页。

则心含万理，同具众理，理本在心。因此，试图从外在事物中寻求"理"的存在，等同于缘木求鱼，因为"理"的存在性本就是心体的存在性。所以"心即理"的另一种表述，便是"心外无物，心外无事，心外无理，心外无义，心外无善"①。

这一"心外无物"的观点在"南镇观花"（岩中花树）事件中得到了更为集中的说明。所谓南镇，并不是个镇子，而是绍兴会稽山的一段山脉，即今日绍兴市越城区阳明路27号，位于阳明洞天到炉峰寺之间。会稽山原名茅山，是中国历代帝王加封祭祀的著名五大镇山之一，沿途有南镇、禹穴、阳明洞等景点，周边有大大小小诸多古刹，徒步即可到达，这一片区域也成为阳明先生一行人经常游玩、留宿之地。一日，王阳明与众弟子到会稽山游玩。当时正值春暖花开的季节，山崖上有一丛花，开得无比灿烂。

> 先生游南镇，一友指岩中花树问曰："天下无心外之物，如此花树，在深山中自开自落，于我心亦何相关？"先生曰："你未看此花时，此花与汝心同归于寂。你来看此花时，则此花颜色一时明白起来。便知此花不在你的心外。②

这位朋友认为，山崖上的花明明是在山中自开自落，显然在心

---

① 《与王纯甫》，《全集》卷四，第175页。
② 《传习录》下，《全集》卷三，第122页。

外，而非心内。表面上，这种观点似乎符合常人的理解，但实际上，这误解了阳明"心外无物"的真意，并将其狭隘化了。王阳明从来不认为，山花的盛开是人为的结果，他也不认为山花的盛开只是心的活动而引发的幻象。王阳明所表达的是，当你没到山里来的时候，山里的花和你的心同是寂静的。王阳明并没有否定山里有花，他所说的"此花与汝心同归于寂"是有一定前提的，在你进山之前，在你作为主体和花作为客体构成直接的对象性交往关系之前，一切关于山里有什么花的说法对你而言都是不真实的。"寂"所指的，是你不了解我、我不了解你的一种陌生状态，心和花没有构成真实的交往关系。既然没有构成交往关系，花就不是心体本身的认识对象，同时，心也不是花的交往对象。而当你来到了山里，"此花便在你的心中一时分明起来"，你和花构成了一种特定的对象性交往关系情境；所以心立即便有记忆的状态显发，它把花的枝叶、颜色、形态等状态立即摄入心灵，并立即给予真实反应，因"此花"成为作为主体的"你"的对象，其原先之"寂"的状态便即时消解，这叫作一时分明起来。换句话说，"花树"自身的存在性乃因主体的在场而获得了澄明与开显。因此，主体的在场是使存在物自身的存在性获得其当下的如实呈现的必要条件。而正因主体在场，存在物成为主体的特定交往对象，人与对象物便建立起了一种以"感"为方式的"关心"的联系。在这一联系之中，对象物将其存在性向主体开放，而主体本身的存在性同时也是向对象物开放的。"感"即是交往，"关心"则使交往得以实现。正是在这一"关心"的交往意义上，对象物的存在便"不在你的心外"。

然而，这一"心外无物"的观点，却常常被扣上"主观唯心主义"的帽子而受到批评。实际上，中国哲学本身并不讲唯心主义、唯物主义，这是来自西方思想史的概念。而当我们审视典范的"主观唯心主义者"关于事物存在的基本观点，便会发现二者存在本质区别。主观唯心主义往往否定事物存在的客观性，例如，英国哲学家贝克莱认为：

> 天上的星辰，地上的山川景物，宇宙中所含的一切物体，在人心灵以外都无独立的存在；它们的存在就在于其为人心灵所感知、所认识，因此它们如果不真为我所感知，不真存在于我的心中或其他被造精神的心中，则它们便完全不能存在，否则就是存在于一种永恒精神的心中。要说事物的任何部分离开精神有一种存在，那是完全不可理解的，那正是含着抽象作用的一切荒谬之点。除了精神或能感知的东西以外，再没有任何别的实体。①

贝克莱这里所表述的观点，其重点有二：一是断然否定"除了精神或能感知的东西以外"任何事物存在的可能性，他甚至说：

---

① 乔治·贝克莱著、关文运译：《人类知识原理》(A Treatise Concerning the Principles of Human Knowledge)，商务印书馆1973年版，第22页。

"只有人心才可以构成复杂世界中所有的复杂而变化多端的物体，因此，任何物体，只要不被感知，就是不存在的。"[1]也就是说，脱离主观精神（能感知的主体）的客观性存在是不可能的，除精神以外"再没有任何别的实体"。二是事物的所谓"存在"不过是在能感知的主体那里因"被感知"而呈现出来的一种结果，因此，"感知"即是赋予事物以"存在性"的方式，或者说，所谓事物的"存在"乃是"感知"所赋予的结果。照此观点，那么显而易见，事物的"存在"便是"感知"条件之下诸种"感觉"的集合，它是不会具有"真实性"这样的属性的。

而王阳明的"心外无物"并不否定事物的存在具有客观性，而是强调事物在被主体所感知之前，恰恰是以"寂"这种纯粹客观性方式而存在的；能感知的主体的"感知"之用，并不是赋予事物以"存在性"，而是使事物的纯粹客观性（存在性）在特定的对象性交往关系情境之中得以如实呈现。存在物由"寂"而向"显"或"明白"的转变，就事物本身而言，只是其原先以"寂"的方式而存在的本原的存在性获得了开显而已，并不是原本不存在的事物被赋予了"存在性"。由"寂"而"显"的转变过程，在特定的对象性交往关系情境中的主体那里，恰好就意味着事物之"寂"的纯粹客观性获得了当下解构。"寂"的消解，即是"明"的开显。被消解了"寂"的纯粹客观性的事

---

[1] 乔治·贝克莱著、关文运译：《人类知识原理》（*A Treatise Concerning the Principles of Human Knowledge*），商务印书馆1973年版，第40—41页。

物存在，因其自身的存在性已然向主体开放，已经被主体自身的实践活动所验证，因此它就成为与主体的共在，其存在性是真实的。只有具备真实的存在性，才会向主体进一步呈现其存在的意义与价值。"寂""显"事实上就是事物可能的两种存在状态——纯粹客观性状态以及被消解了纯粹客观性而与主体共在的状态。就某一具体事物而言，这两种存在状态实际上是具足的、同时共在的。相对于未与之构成特定的对象性交往关系情境的人来说，它的存在状态就是"寂"，而对于那些与之构成交往关系情境的人而言，其存在状态则是"显"。可见，贝克莱"感知赋予事物以存在性"与王阳明"感知使事物的存在性得以显现"，意义完全不同。在王阳明那里，正由于在特定交往关系情境中主体的在场，"主体性"与"客观性"以"感"的方式而交互渗入，从而使存在物本身的存在性得以如实开显，所以存在物本身的存在性在主体那里是真实的，其真实性是不容置疑的，因为它已经被主体自身的实践活动所验证而澄明。

　　既然如此，那么我们又有什么理由把王阳明的观点与贝克莱的"主观唯心主义"混为一谈呢？事实上，阳明心学的建构目的，与贝克莱更有重大差别。在王阳明那里，他之所以用"寂"这一概念来标志事物存在的纯粹客观性，其目的恰恰在于强调人的现实的实践活动才是把"寂"转变为"显"，使事物本身的存在性及其存在的真实性得以如实显现的本质力量。个体的生活实践过程，事实上即是把原先相对于"我"而言为"寂"的客观事物转换为"显"，从而使其存在性呈现于主体的生活世界，如此才能使其存在的意义与价值得以彰显。人通过实践活动去消解事物之"寂"的纯粹客观性，本质上也即是使事物处于人的本然良知的观照之下，这既是人与世界的联系方式，也是人建立其自身的生活世界的方式，同样也是建立其意义世界与价值世界的方式。在这里，现实的生活实践活动是得到极为充分的强调的，它既显扬了事物的存在性，同时又把人本身的存在性向事物世界开放，从而使心—身—意—知—物整合为一个完整的统一体。这个完整的统一体，既是人的生活世界，也是其存在的意义与价值的世界。因此在王阳明看来，"心外无物"根本上是一个人们如何通过其现实的实践活动来建构起"天地万物一体之仁"这一心—身—意—知—物全然共在的主体世界的实践维度上的问题，实与"主观唯心主义"大异其趣。

但另一方面，"心即理"所强调的"心外无物"在理解时可能会陷入个人主义的误区。实际上，其本质上是利他主义的，以天下人民的利益为己任，胸怀宽广，包容万物。它要求我们将自己的全部身心投入到与自己交往的一切人、一切事、一切物中，无分人我，直达天地。然而，在现实中，人的生存状况常如井底之蛙，局限于狭小的世界，并将其视为全部，而这种局限性必然反映在生命境界上。王阳明认为，这种被局限的生命境界并非生命的真实本相。只有实现自我生命境界的突破，才能带来生命境域的无限开阔，达到天下万物一体之仁，才是生命应有的真实状态。正如井底之蛙有朝一日跳出井口，才能亲身见证天空的无边广阔。可以说，"心外无物"不仅是对存在状态的探讨，更深刻地指向了个体生存境界的实践层面。在未曾与你相识之际，你作为一个独立的存在，位于我心之外。由于你的存在状态与我无直接关联，你的存在与否、痛苦或欢喜，对我而言并无实质意义。然而，随着我们今日的相识与交往，我对你产生了深切的"关心"之情。你的各种存在状态，均与我息息相关。你的快乐，亦能引发我的喜悦；你的悲伤，亦能触动我的哀伤。这种交往关系，促使我们产生了相互同情与共鸣。依据阳明先生的观点，若欲成就圣人之道，必须致力于自我生命境界的持续提升。这要求我们将天下万物尽可能纳入自身的精神世界之中。而实现这一境界的关键，便在于"知行合一"与"致良知"的实践。通过这一实践，我们将原本外在的、位于心外的事物，与内心紧密相连，使天下万物皆存于我心。因此，"心外无物"体现的是一种由生命实践所引导的境界，它是生命所能达到的最高境界。只有达到这一境界，方能成为圣人，实现万物一体之仁。如果我们没有一种精神境界的建立，那么我们的生活完全有可能是漂浮的，是随着不断变化的物质生活面貌而迁移流转，没有根基的。而追求精神境界的提升，当然也并不是要反对物质资料的富裕，而是要为富裕的物质生活建立起"主宰"，建立起"脊梁骨"。要把丰富的物质世界与物质的生活纳入崇高精神的"主宰"之下，而不至于使真实的自我丧失在物质资料的丰富之中。

　　理解"心即理"容易走入的另一个误区，在于将心学与禅宗混为一谈，将"南镇观花"的义理与"幡动心动"一概而论。《坛经》中记载了一个典故，传说有一日刮风，寺中的幡在风中起舞，慧能大师见到两个和尚辩论风动还是幡动。一个说是风在动，另一个说是幡在动，吵得不可开交，慧能则道："不是风动，不是幡动，仁者心动。"很多人认为阳明与慧能的观点是一致的，也出现了"禅宗是佛教的心学"的说法。但按照佛教的观点，主张心既是世界的建构者，也是世界的解构者，在这个意义上，佛教可以说即是某种意义上的"心学"。但佛教所言之"心"与王阳明所理解的"心"不同。前者是解构的心、虚寂的心、彼岸的心；后者是圣人的心，是万物一体的心，是一切存在之所以为存在者的根本意义与价值的本原。我们是在和他者的交往当中，在他者的存在性的彰显之中，才实现我们自己的存在意义和价值的。这便是圣人之学与佛学的根本不同之处。而"心即理"的确认，即是"必为圣人之志"的自觉建立，亦即是把成为圣人作为自我生命的信仰。正因此故，阳明心学是圣人之学、是实践哲学，而"心即理"作为一种观念，在理论上建立起了人的现实存在与最高天道之间的本质同一性，为人的生存确立了本原性的生命根基，同时也为人生的意义确立了本原性根基。在王阳明那里，"心即理"即是生命存在的意义本原。"心即理"的现实表达与体现，即是生存意义与价值的现实展开。换句话说，生命的意义与价值并不是先验赋予的，而是通过个体的现实生存过程来实现的。这显然并不只是个理论问题，更是一个实践问题。

事实上，最早提出"心即理"思想的是南宋思想家陆九渊。在"鹅湖之会"上，陆九渊与朱熹的核心分歧之一就是"心即理"与"性即理"的争论。"心"与"性"，虽只有一字之差，却代表了两种不同的哲学方法与思辨的逻辑过程。朱熹认为本性即是天道，是最高的道德标准。既然天所赋予人的是"性"，心只是"性"之用，只能在经验世界中发挥作用，朱熹认为这便是"心"的活动，本质上是"性"的一种发用状态。心不能等同于理，它在经验世界中有发生异化的可能，只有通过经验的道德践履（即格物致知），性、天理才能通过心，在经验世界中获得纯粹的表达。因此，朱熹严格区分"性"和"心"。但无论是陆九渊，还是王阳明，他们都没有在"心"和"性"之间作严格区分。陆九渊认为，我们每一个人的性，如果是真实存在的，那么"性"就表达为我们的"本心"，两者原本为一。如果一定要分割二者，那么"性"就无法体现。割裂心性，事实上就是割裂了人的形而上的先验存在和形而下的经验存在。王阳明延续了陆九渊的这一观点，他认为性和心在本质上是统一的。我们从天道那里获得了自己的本性，而本性就是人心的本原状态。所以，"心体"就是"性体"，"性体"就是"心体"，它们都在通过日常生活进行表达。因此，后世将陆王划为一派，是十分可信的。

简言之，王阳明认为，天地万物皆源于"心"。他指出，宇宙间的一切事物都是"心"的显现。阳明对于"圣人之道，吾性自足"的本原性体认，亦即"心即理"的提出，不仅标志着其主体意识的终究醒觉与自觉挺立，并且标志着其存在实性的终极澄明。在"吾性"被确认为世界现象之本体的前提下，"圣人之道"与"事物之理"便不再具有任何"外在"的意义，而仅仅是心灵本体的自身内容，因此惟"吾性"本身才标志了"吾"本身以及"事物之理"的终极实在，这便是性相同一。在这一意义上，将实性转化为存在的实相，这一转化实现了后天与先天、形下与形上、下学与上达的存在全域，同时也实现了人道与天道同一的意义全域。人与天地万物在本质上是相同的，这一观念打破了传统的物我二元对立，将人与自然、人与社会紧密地联系在一起。这种存在与意义的贯通性全域的实现，才真实地标志了人的存在。而人们主动地、自觉地、内在地对这一"先验真实"予以确认，真实地建立起了自我全部生活的基点，为人生建立起了根本的志向，这就是"立志"。生活的志向是需要建立在"心即理"这一生命实相的基础之上的。只有这样，作为"先验真实"的"心即理"才可能通过现实的生命活动被转化为"经验事实"，从而真实展开生存的全部意义与价值。

综上，"心即理"的实际意义，就是要为我们的心灵确立一个可靠的依止之境。因为心体自身的本然状态原本是莹澈澄明、毫无杂质的。正因为它的澄明，心体才能保持其灵性；犹如明净的镜子，不染纤尘，才能保持其照物之功。虽然身处日常生活中的人，因气质和习惯受到种种限制，甚至私欲泛滥，行为如同禽兽，但心体本然的澄明状态始终存在。人们在现实生活中表现出种种不善甚至恶劣行径，只是表明其心体的本然明净状态受到了遮蔽。因此，只要体悟到心体澄明的本性，并通过主体自身将这种澄明本性还原出来，便实现了自我心灵状态的转变，迈向圣人境界。

从阳明心学思想建构的时间过程来看，王阳明在"龙场悟道"之后提炼出了"知行合一"这一观点，这代表了他第一期思想创新的主要成果，也成为其此后立言的核心宗旨。"知行合一"的提出，一方面受启发于他个人的生活经验与思想经验，另一方面则与朱熹理学的普遍知识化倾向、以至于"圣学"目的无法在生活实践中获得普遍的有效贯彻这一现象有密切联系。

自仁宗延祐年间恢复科举取士，以朱熹《四书集注》作为科举考试的钦定教材，朱熹的观点也成了士子答卷的立论根据或标准答案。而这样一来，朱熹的理学思想体系实际上就被"知识化"了，其原有的实践维度，也就是把目的贯彻于生活的"工夫论"，逐渐被模糊甚至忽视。至王阳明的时代，朱熹思想的知识化倾向变得更加明显，理学本身"成为圣人"的目的指向则更加模糊，"理论知识"与"生活实践"之间原有的相辅相成的密切联系被割断了。明代中叶思想界的这种一般状况，正是王阳明提出"知行合一"之说的基本背景。

　　而从学理上看，在朱熹那里，知、行问题是一个知识论问题，讨论的是理论知识与行为实践之间的关系。朱熹的知行观可概括为三点：第一，知、行的确是不同的两件事，不能混淆，"分明自作两脚说"；第二，正因是"两脚"，所以就存在着相互间的关系，就时间（或逻辑）上的先后而言是"知先行后"，就其重要性而言是"行重知轻"；第三，知、行不可偏废，"偏过一边，则一边受病"，所以"知、行常相须"。然而，王阳明洞察到，"知先行后"这一观念在现实中造成了知识与行动之间的割裂。人们过度关注知识的积累，而忽视了将知识付诸实践的重要性，从而造成了"终身不行，也遂终身不知"的困境。换言之，即便格尽"物之理"，又如何能够使自己成为圣人呢？因此，王阳明提出"知行合一"，认为所谓"知""行"，原本就是一个工夫，原本无所谓先后。这一理论旨在纠正时弊，打破朱熹等前人理论中知识与实践的隔阂，以此展开圣人之学作为生活工夫的实践活动，还原圣人之学的根本目的。知、行的问题不只是一个关乎道德或知识的实践论（工夫论）命题，更是一个关乎人的现实存在的生存论命题。正是这一关于人的生命存在的本原性关切，才使"知行合一"的内涵获得了极大的丰富性，它的全部意义是在个体生存的现实过程中才得以充分呈现的。

　　当前，对于王阳明"知行合一"的理解，存在以下误区。第一，认为"知行合一"就是强调"知识与实践不可偏废"，齐头并进。这其实是朱熹的观点，用来解释王阳明的"知行合一"，并不恰当。第二，认为"知行合一"就是"知识"与"实践"相结合，或者把"知识"运用于"实践"。即便如此，"知识"与"实践"仍然是"两脚"，还是朱熹的观点。第三，认为"知行合一"的"知"不是指"知识"，而是指"良知"。若指"知识"，则"知行合一"是讲不通的，或"不究竟"的，只有在"良知"意义上讲"知行合一"才合乎阳明本意。因此"知行合一"不是就非规范性知识而论，而是就规范性知识而言，强调的是德性实践。这些大抵都是"善意的误解"。但在过去的研究中，还存在着某种"恶意的误解"，认为"知行合一"是"以知代行"，取消了行动或者实践在认知过程中的作用，因此是"主观唯心主义"。基于对王阳明"知行合一"的真实了解，"善意的误解"会消除，"恶意的误解"也会消除。

首先，需要明确的是，按照王阳明的说法，"知是行的主意，行是知的功夫；知是行之始，行是知之成。若会得时，只说一个知，已自有行在；只说一个行，已自有知在……若见得这个意时，即一言而足"①。所谓"知行合一"，并不是把"知""行"两件东西"合"为一件，而是"知""行"原本就是"一件"。既是"一件"而又要说"合一"，则是因为这一件事须借"知""行"二字"方说得完全无弊病"。王阳明所谓"知行合一"，实质上是"知行同一"，它原是本体得以存在的本原能力，是本体实现其自身的实际工夫。在此基础上，我们对"知

---

① 《传习录》上，《全集》卷一，第5页。

行合一”的理解，可以分为若干不同向度。

第一，将“知”理解为心体的“知觉”。王阳明认为，“知是心之本体，心自然会知”，“知觉”是心体自身的本原能力，是确认其自体实在的本原方式，这一意义往往被今天的研究者所忽视。王阳明以“知觉”言“心”，以“知觉”之真实言“行”，虽其言似“形下”，实则充分强调了心对于身的主宰作用，强调了心身统一的生命秩序，体现了对于人的存在本原性关切。在这一意义上，“知行合一”不仅体现了生命存在的本然实在状态，并且是实现这一真实生命的必要途径或方式。

在王阳明那里，“心不是一块血肉，凡知觉处便是心。如耳目之知视听，手足之知痛痒，此知觉便是心也”①。这里的“知觉”，是专就人对于自我身体的某种感觉、某种需要的自我觉知而言的。人心原是个“灵明”，原本是“虚灵明觉”的，是具有自我觉知的本原能力的。“知觉”是心体自身之存在的自我证明，是它之所以为“虚灵明觉”的自我体现，故“知觉便是心”。而心体自身的“知觉”必然导致相应的外在行为，知渴则必饮，知饥则必食，知寒则必衣，正常的健全生命自有其由内向外、内外一致的本然秩序，这一“不曾有私意隔断的”生命本然秩序，“便是知行的本体”。由此可见，所谓“知行本体”，正是指内在之知觉必见之于外在之行为这一生命存在的本然真实状态。人的存在，在其心身健全统一的意义上，正如《中庸》

---

① 《传习录》下，《全集》卷三，第138页。

所谓"诚则形，形则著"，"诚于中，形于外"，凡实有诸内，则必体现于外，心身内外原是一致。这说明了一个基本事实：一个人的外在行为活动是取决于其内在的心灵状态、精神状态、意识状态、知觉状态的，作为外观而显现出来的行为活动之整体（包括语言、行动、态度、方式等等），总是其内在精神状态的体现。因此，从一个人的行为外观来对其内心的真实状态作出判断是可能的。孔子谓"听其言而观其行"[①]，又谓"视其所以，观其所由，察其所安，人焉廋哉？"[②]又谓"先行其言而后从之"，"古者言之不出，耻躬之不逮也"[③]，等等，实际上都已经在强调心身活动的本原性同一。只有"诚于中，形于外"的心身内外活动的同一性，才合乎生命存在的本原秩序，才标志了人自身存在的本然真实。因此，"知行合一"遂成为一个生存论命题，建立于生命存在的本原性基础之上，是与人的现实生存及其存在性的真实表达直接相联系的。

第二，将"知"理解为心体的"感知"，"感知"是"知觉"的对外运用，是心体把自己与外在对象连通为整体的经验方式。"知觉"意义上的"知行合一"，在王阳明所预设的意义上，主要是就个体自我之本原的心身秩序而言的。正因心有"知觉"，便必有"感知"。自我心身与世界对象的交往，既是心在特定情境中的对象性"发散"，也是对象的向内"收敛"，

[①]《论语·公冶长》，《四书章句集注》，第78页。

[②]《论语·为政》，《四书章句集注》，第56页。

[③]《论语·里仁》，《四书章句集注》，第74页。

此"发散"与"收敛"之际，既是"感知"，也是"感通"。这实际上是人实现其现实生存的基本方式。

就日常生活而言，我们无时不处于各种各样的"对象性交往关系情境"中。与人的交往、与事物世界的交往、与形而上的"超越性"对象的交往、与内在"真己"的交往……只要自觉的生命活动存在，那么"对象性交往关系情境"就必然存在。人的现实生存，只能是在各种各样的"对象性交往关系情境"中实现。"对象性交往关系情境"既是"我"得以呈现、表达、体现、实现的基本经验场域，也是"我"的存在性及其存在的意义与价值得以实现的基本经验场域。正是在这一场域中，"感"使"我"的恰当表达成为可能。

"感"是感官的自觉运用。在特定的"对象性交往关系情境"中，人们既通过感官活动把外在世界中的交往对象摄入内心，使之成为意识世界的构成部分，同时也通过感官活动把自己向交往对象开放。交往关系的实现，必以感官与对象的交感过程为基本途径。这一交感过程，从"我"的方面来说，感官活动在特定的"对象性交往关系情境"中的自觉运用，即是"行"；交往对象因被感官所摄入而成为意识的部分，即是"知"；"感知"作为一个过程的整体，是"寂感神应"，瞬间而同时实现的，因此是"知行合一"。王阳明举例说：

《大学》指个真知行与人看，说"如好好色，如恶恶臭"。见好色属知，好好色属行；只见那好色时，已自好了，不是见了后又立个心去好。闻恶臭属知，恶恶臭属行；只闻那恶臭时，已自恶了，不是闻了后别立个心去恶。如鼻塞人，虽见恶臭在前，鼻中不曾闻得，便亦不甚恶，亦只是不曾知臭。就如称某人知孝、某人知弟，必是其人已曾行孝行弟，方可称他知孝知弟。不成只是晓得说些孝弟的话，便可称为知孝弟？①

《大学》说"如好好色，如恶恶臭"，王阳明对它作了"情境还原"，将它放置到人的"对象性交往关系情境"中加以解释，认为是"指个真知行与人看"。所谓"真知行"，也即是"真实的知行状态"，即是知行"本体"。"见好色"而"知好色"，乃是即感即知；"知好色"而"好好色"，乃是即知即行，故谓"知行合一"。"见""闻"作为感官活动，在特定的对象性交往关系情境之中，是"我"的心体本然之知的对象性运用。在这一意义上，作为"心之本体"的"知"即被体现为"感"的现实活动，也即是"行"；"感"之"行"是心体本然之"知"的表达方式，故为"知行合一"。就对象而言，因它成为"我"的"感"的对象，则其自身的存在状态便即刻转变为"我"的"知"，是为即"感"而"知"，故"感知"的过程，正是"知行合一"的过程。应"感"而"知"，即"感"即"知"，虽然仍然可能存在着所谓"逻辑"上的先后关系，但就其在"对象

①《传习录》上，《全集》卷一，第4页。

性交往关系情境"中得以实现的实际情况而言，的确是"寂感神应"，无前无后无中间，知行的存在是具有共时性的。在"感知"意义上讲"知行合一"，其实儒学中有其丰富的固有思想资源。如《易》说"感而遂通天下之故"，如果我们把"感"理解为"行"，那么"通天下之故"无疑是由"感"而实现出来的"知"，故"感通"之际即是"知行合一"。

值得特别注意的是，"知觉"与"感知"呈现为"知行合一"，被王阳明阐释为生命存在的本原状态，它不仅代表了生命实现其存在性真实表达的一种原生秩序，也是实现生命真实存在的方式。因为在王阳明那里，"知行合一"是心体自身的本然实在性在经验的"对象性交往关系情境"中得以如实体现的本然方式。私意的介入而"障碍""隔断"了心体自身之"知"的真实表达，也就破坏了心身统一的本然秩序，造成了心身的二重分裂，或谓之"心身灭裂"，这就谈不上生存的意义与价值了。因此，以"感知"义而揭示"知行合一"，便不只是揭示了生命活动的自身真实状态，更是以此为个体之现实的生存世界与价值世界的建构方式。心—身—意—知—物的一体化，本质上即是"知行合一"所建构的个体的生存世界，也是其意义世界与价值世界。知行的本原性同一就会作为生命存在的真实状态而得到体现，对象性存在的真实状态就能得到真实还原，而生存的意义与价值才可能真实地建立起来。因此，"知行合一"便需要被扩充到底，体现于现实人生的全部对象性交往关系情境，从而实现出存在的本原性真实。正是在这一意义上，"知行合一"说充分体现了王阳明对于人的存在的生存论关切。

可以说，王阳明对知行之本原意义上的同一性之追寻，是以人作为生命存在自身的完整性与统一性为开端的，由此揭示出知行的本原状态。

在宋明理学的一般语境中，"工夫"总是关乎人们在经验状态下的行为或实践活动。按照王阳明的观点，在日常生活中，人们之所以去做一件事并且以某种特定的方式去做，是必定以"知"为其"主意"的，即以"知"作为其行动的"主导意识"。"主意"本身在行为主体那里是作为一种"知"而存在的，并且正是"知"实际"主导"了行为的发生及以何种方式发生，因此，行为的全部过程就成为"知"的体现过程，所以说"知是行的主意"。同时，正由于行为的全部过程即是"知"的现实表达，是把"知"实现出来的现实手段，所以说"行是知的功夫"。由于"知是行的主意"，因而"知"即为行动或实践的一种内源性动力，是在它的主导之下才有行为的展开，所以"知是行之始"，是行为活动的开端；而行动或实践不过是"知"的外向呈现形态，既是"知的工夫"，也是"知"得以完整实现出来的经验方式，所以说"行是知之成"，是"知"的完成或实现形态。无论"知"还是"行"，在王阳明所阐明的意义上，任何一方，当被作为一个完整过程来呈现的时候，必然是同时涵摄另一方的，它们在过程性上是同时共在的。因此，王阳明又强调："知之真切笃实处，即是行；行之明觉精察处，即是知。知行工夫本不可离。"①人们对某事的"知",如要达到"真切笃实"的地步,那么使"知"达于"真切笃实"的过程,即是"行"。人们对某事的"行",如要做到"明觉精察"的地步,那么就必有"知"为之主导,"行"之至于"明觉精察",即是"知"的实现。这样看来,"知行合一"充分体现了王阳明哲学的实践品格。而由此出发理解,"知"又有两层内涵。

第一,就"格物致知"谈"知行合一",以"知"为知识或知识过程之义。既然"感知"是人置身于对象性交往关系情境时实现其自身表达的一般方式,把一般的对象性交往关系情境限定于认知层面上的交往关系情境,则"感知"转变为知识过程。因此"知行合一"原本就包含"知识论"意义,正是在"知识论"意义上,"知行合一"在对治朱熹"知先行后"而分知、行为"两脚"之弊病的同时,发展了中国古代的知识论。

《答顾东桥书》载:"知之真切笃实处即是行,行之明觉精察处即是知,知行工夫本不可离。只为后世学者分作两截用功,失却知行本体,故有合一并进之说。'真知即所以为行,不行不足谓之知。'"②此即"知是行之始,行是知之成",真知即所以为行,若有不能付诸行动的"知"皆非真知,若是真知则一定能够转换为实际行动。例如,"已真知天命之所在,但惟恭敬奉承之而已耳。若俟之云者,则尚未能真知天命之所在,犹有所

---

① 《答顾东桥书》,《传习录》中,《全集》卷二,第47页。
② 《答顾东桥书》,《传习录》中,《全集》卷二,第48页。

俟者也"①。"真知即是行"的确阐明了"知行合一"之理。

而"真知"概念的提出，最能体现"知行合一"之于中国知识论的价值。东汉王充在《论衡》中曾提出"知实"与"实知"，强调知识活动以获得关于事实认知的"实知"为目的，但"实知"的获得必以"知实"为前提，而"知实"则是受到各种知识条件的制约的。王充"疾虚妄"的精神，使他能够在知识论域中突破前人，但对后世影响不大。王阳明的"知行合一"，在作为知识活动的意义上，则充分强调了人的实践活动之于"真知"的相互促成关系："真知"既是实践活动的内源性动力，须借行为实践来表达其自身，而实践在表达"真知"的同时，又使"真知"得以进一步扩充。无"真知"为之主导的行为活动，只是"冥行"；不能付诸实践的知识，只是"妄知"。正是在知、行为一体两面且作为实践过程的同一性意义上，"知行合一"便是实现"真知"的根本道路，"真知"则是"知行合一"的必然结果。就此而言，则"知行合一"之说，实为王阳明关于"真理"观念的典范性表述；"知行合一"工夫，便是求取真理之途。

王阳明的特出之处，在于他基于人自身生命活动之本然真实状态的揭示，而重新考察了知识活动，从而揭示了知识与实践在过程上的同一性，把知识转化为实践，把实践统一于知识。知识与实践的过程性同一，既然是合乎生命活动的本然真实状

---

① 《答顾东桥书》，《传习录》中，《全集》卷二，第50页。

态的，因此它就成为知识—实践之双向互动的"应当"。正是由于"应当"的导出是基于生命之本然真实的，"应当"的实施便成为生命自身真实存在性的实现方式。因此，作为命题的"知行合一"，实际上便蕴含了本体与工夫的统一、实然与应然的统一、知识与实践的统一、存在与价值的统一。知识—实践互动的整体过程，则正因其成为生命本然实性的体现而获得其整全意义。

但知行的过程性同一、"知行是一个"、是"两个字说一个工夫"，这些一般性解释似乎并未完全尽了阳明"知行合一"之义。《传习录》载：

> 问"知行合一"。
>
> 先生曰："此须识我立言宗旨。今人学问，只因知行分作两件，故有一念发动，虽是不善，然却未曾行，便不去禁止。我今说个'知行合一'，正要人晓得一念发动处，便即是行了。发动处有不善，就将这不善的念克倒了，须要彻根彻底，不使那一念不善潜伏在胸中。此是我立言宗旨。"①

王阳明所提出的"一念发动处便即是行"，揭示了"行"的另一种内涵。凡通过眼耳鼻舌身诸身体活动所呈现的"行"，因为行

---

① 《传习录》下，《全集》卷三，第109—110页。

为是外向呈现的，所以是"行"的显性维度，或显性之行；"一念发动处"，即人的意识、念虑、思维、情感等内在的精神活动，精神活动是隐性的、尚未显现的，所以是"行"的隐性维度，或隐性之行，它可视作显性之行的"前形态"。在王阳明那里，心身内外的一致性是作为生命存在的本原性真实而予以确认，并要求把这一生命自体的本然实性贯彻到底的，否则便谈不上人的真实存在。因此，他在理论上必然坚持隐显一体、显密不二。可经验的外在行为，不过是"一念发动"之"行"，或"行"的隐性维度的外向发越或其实现形态，实不外乎"行"的存在状态发生了场域迁移而已。不论内外、隐显，知行在过程上的同一性则全然略无二致。

第二，在"致良知"的意义上来谈论"知行合一"，"知"即为良知。正是这一内涵的转变，使王阳明的"知行合一"之说开展出了人生的特殊境界。从知识论维度讨论"知行合一"时，实际上是把对象性交往关系情境限定于"认知层面上的交往关系情境"来审察"感知"过程的真实状态，因而对象的实在状态在心体本身被还原为"知识"。"知识"即是对象在特定的关系情境之中向主体开显的实在本身。由于人的存在所处的对象性交往关系情境具有共性，因此"知识"尽管无不经由"经验"产生，但可以被他人在相同或类似情境中加以验证，从而形成"积累"与"传递"。纯粹"经验"尽管相对于特定情境中的个体是"真实"的，但不具有共享性，因而也无法形成"积累"与"传递"。但人的现实生活情境，显然不只是"认知层面上的交往关系情境"，还有如伦理（道德）的、情感的、审美的，等等，都构成日常生活中的对象性交往关系情境。人的现实生存全然是在各种各样的对象性交往关系情境中来实现的。然不论处于何种情境，要求于当下情境中将心体自身之本然实在状态通过眼耳鼻舌身的行为活动如实地呈现，则是全然没有差别的。心体自身之本然实在状态的如实呈现，即是"知行合一"；在将心体自身之本然实在状态领会为"良知"的意义上，"知行合一"即转为"致良知"。因此，"知行合一"被贯彻于人的现实生存的全部场域的究竟极说，是为"致良知"。个体的生存只因其良知的实现而达成其存在的本原性真实，并因此而实现其生存境界的超越性转进。王阳明所说的"致良知"，就是"致吾心良知之天理于事事物物，则事事物物皆得其理矣"①，也即是要把作为我们的本原性实在的良知如实地展示出来、显现出来。这一呈现良知的过程，就是"知行合一"。

在王阳明自身的语境之中，"知行合一"的完整内涵，实质上是关于人作为生命存在之整体的完整性、统一性、一元性在经验世界中得以实现的根本原理，是人的存在及其意义与价值之自我证明与实现的唯一有效的经验方式。就人作为生命存在的本原真实状况来说，"心"原是能够自我觉知的，觉知就是心的本原能力；"心"的觉知若是真实的，也就是能够以特定的行为来加以体现的，"行"即是心实现其自我觉知的本原能力。所

①《答顾东桥书》，《传习录》中，《全集》卷二，第51页。

以在"本体"上说，知行原是一体，绝不可以分为两截。既然"心"是知的本体，也是行的本体，那么为确保生命存在本身的完整性与统一性，确保人格健全，做到心身一元，就需要把心体本身之知行的一体性贯彻落实到现实生活的各个领域、各个方面，这样才说得上生命存在的完整性。

实现"心即理"向经验领域的现实表达的根本有效方式，即是"知行合一"。因此在王阳明那里，"知行合一"即是生存方式，既是真实展开自我生命之本原实相的根本途径，也是实现生命存在之意义与价值的根本途径。它显然是需要体现于人在现实世界的各种活动的。不论是意识活动、知识活动，还是情感活动、伦理活动等等，都只能在生命本身的真实性、完整性与统一性的前提之下才可能具有意义。王阳明正是用其一生的行动，深刻践行了"知行合一"的理念。

正德十五年（1520），在赣州讲学期间，王阳明开始大力倡导"致良知"之说。在正德十六年之后，阳明更是将"致良知"的讲解作为其学术的核心，以此作为"知行合一"思想的深化拓展，同时，这也标志着阳明心学体系的最终完善。

就其内涵之实质而言，"致良知"便是在良知的意义上讨论"知行合一"。所谓"良知"，就是"心即理"的"心"，是人人所具有的"本心"，是人的真实本质。"致"即"推致"，也即是"体现""表达""实践"之意。所以"致良知"，就是要把自己本有的、与天道相同一的、标志为人自身存在的本原真实的"良知"，在日常的生活实践之中如实地体现出来。这一体现的过程，即是"知行合一"的过程，是为"致良知"。

最早提出"良知"概念的是孟子，其谓："人之所不学而能者，其良能也。所不虑而知者，其良知也。"[1]而在王阳明那里，

---

[1]《孟子·尽心上》,《孟子正义》卷二十六，第897页。

"良知"之说实为开权显实、发迹显本，凡此种种分别，皆为方便权说，若穷其究竟，则"一原"而已，是为心之本体。在这一意义上，"良知"实际上便是"真己"。王阳明说：

> 这心之本体，原只是个天理，原无非礼，这个便是汝之真己。这个真己，是躯壳的主宰。若无真己，便无躯壳，真是有之即生，无之即死。[1]
>
> 本来面目，即吾圣门所谓良知。[2]
>
> 夫吾之所谓真吾者，良知之谓也。[3]

良知即是"真己""真吾"，是"本来面目""有之即生，无之即死"，是生命存在的本原性实在，此义甚为显著。正因心之本体即是"真己"，因此它就不在空间—时间之连续性中改变其自身，而只纯粹保持其自身存在性的同一。故"真己"即是恒常不易的"一"，是"不二"者，它是不接受二重化也是不能被二重化的，因此也不会在经验的相对世界中因"小我"的活动而被支离。"真己"在个体的存在，只是原在，实为天道在人的内在，因此"真己"是既具有个体性又具有共相性的。"真己"的个体性，是指它事实上体现为个体的主体性；"真己"的共相性，则是指它实质上并不局限于个体，而同时为"塞宇宙"。良

---

[1] 《传习录》上，《全集》卷一，第41页。

[2] 《传习录》上，《全集》卷二，第75页。

[3] 《从吾道人记》，《全集》卷七，第278页。

知之为"真己"，即是道之恒常而无限的普遍性获得了个体性的存在方式。作为现实而又本真的个体性，它是内在的；作为恒常而无限的普遍性，它是超越的。因此在"真己"的意义上，良知既内在于一切个体，同时又超越于一切个体的自体局限，它是无限整全之太一。在经验上，"小体"之"我"总是处于空间—时间的连续性之中的，总是处于可经验的对象性交往关系情境之中的，因此也就总是面临着种种二重性的支离与危机。经验的、二重性的对象性关系，眼耳鼻舌身之对外攀缓的、外驰的全部活动，事实上就恰好构成了对于"真己"的遮蔽，而为其自我实现之障碍。在这一意义上，"致良知"即是要去除种种遮蔽，消除种种障碍，从而在现实情境中使作为自家之"本来面目"的"真吾""真己"以其自身本在的状态如实地呈现出来。避免"从躯壳上起念"，而从本体上呈现"真己"，并以"真己"来发起全部的眼耳鼻舌身的经验活动，即是"致良知"，即是"自我实现"，即是心身一元。

而本体的自身存在，其存在性的自身表达，必不可能脱离现实生命得以体现或呈现的"对象性交往关系情境"。凡人的道德、理性（智性）、情感、愿欲等等，皆为本体在经验的对象性交往关系情境中的自身呈现，惟其如此，生命自身存在的完整性方可谓"一以贯之"。"良知"虽为"一原"，而表呈为经验上的多维面向；经验存在的多元向度，则会归于良知本体之"一原"。又因为人的存在仅仅被表达为物质的存在是不够的，因为人的现实存在方式总是会受到精神世界的主导。显而易见的是，人的存在性在经验上必然通过与人、事、物等"他者世界"的交往活动来体现，而一切交往活动绝不可能脱离眼、耳、鼻、舌、身的身体活动来实现，而身体活动的方式恰好取决于个体自身的心灵状态。在这一意义上，个体的心灵状态便是其全部行为外观的主导者，所以说心是身的主宰。心体的本然存在属于先天范畴，但心体是具有向经验世界表达它自身的必然性的。心体的经验表达即是"意"，所以意是心之所发。在人们的经验活动之中，意念的产生与落实无有例外地会与某种对象相关涉，这种被意念所关涉的对象即是"物"（事）；因此"物"的存在状态，本质上便是意念的一种对象性存在，所以阳明强调，就它的本来意义来说，"物"并不是外在的，而是永远处于主体意念的涵摄之下的，是主体的意向性存在，所以说"心外无物"，而又"物外无心"。但事情的另一方面是，正因为作为"心之所发"的"意"总是属于经验状态的，总是受到个体的经验生存处境以及与之相联系的事物本身之存在状态的制约的，所以事实上就往往不能确保"意"的现实呈现必然能够合乎心体的本然真实，而这样一来，心体既然没有能够依其自体的真实状态而呈现于生活世界，那么也就意味着人的现实生存与其自身的存在本质之间发生了断裂、现实世界与价值世界之间发生了断裂。人的存在之所以会走向这种"灭裂"，追根溯源，便是"意"的不诚，不诚之意即是"私意"。意有不诚，或"私意"用事，便直接导致心与身、家、国、天下万物的疏离间隔，原本应居于主宰地位的心体反而被"搁置"了起来，没有发挥它的主导作用，生存正因此而陷于"无主"的漂浮状态。这样看来，"诚意"的确是极为重要的。而所谓"诚意"，就是要确保"意"的现实发动能够合乎心体自身的本然真实状态。黜去"私意"，即是"诚意"；意一归于诚，则体用一源，显微无间，形上与形下合一，先天与后天合一，本体与工夫合一，心与身合一，身与家、国、天下合一，浩浩宇宙，万物一体。若"意"不能"诚"，则"身"亦不得修，以至于"物"亦不得正，更不可能会有"止于至善"，所以《中庸》说："诚者，天之道也；诚之者，人之道也"①，"不诚无物"②。按照这一观点，"私意"或"私欲""物欲"显然是导致人的现实生存发生本质异化的根本原因，是造成人的心身分裂的根本的异化力量。若一任"私意"之流行，流而不返，就必将导致生命存在的表象化，以身为物役，以心为形役，则人化为物。人而化为物，则无疑是人的生命本质的沉沦与堕落，是生存意义与价值的沉沦与堕落。因此在阳明那里，"致良知"作为现实的生命实践活动，首先必须落实到"诚意"，而"诚意"即是要使"意"的发动同一于良知本体的自身实在状态，因此"诚意"是"致知"的实功，工夫须在心上做。"意之所在便是物"，意是必然与事物现状相关联的，事有不正，即物有不格，物有不格，即意有未诚，因此又说"格物"是"致知"的实功，功夫须落

①《中庸》，《四书章句集注》，第31页。
②《中庸》，《四书章句集注》，第34页。

实于"事上磨炼"。显而易见，"致良知"正是对治人的生存本质与价值之堕落的现实途径。

这样看来，阳明的"致良知"其实是包含着两个基本层面内涵的：一是以"诚意"为根本的心上工夫，一是以"格物"为内容的事上磨炼。前者是个体对于作为"天命之性"的本然良知的内在自觉，是主体性的自我建立，后者是"天命之性"的现实转换，是以良知为本质内涵的主体性向经验世界的实践性推展；前者是主体自我的内在"独知"，后者是"独知"在经验世界的自我实现；前者是人格之先天圆成的本体自在，后者是人格之圆成的现实成就。主体的道德世界与其现实的生活世界、本体的实在世界与其生存的价值世界，乃两相圆融，内外俱彻，上下一贯，通为一体，立天下之大本而弥纶天下之大经，涵盖乾坤而参赞天地之化育。

而"致良知"的理论前提在于王阳明对良知所赋予的特殊内涵。在王阳明看来："心者身之主也。而心之虚灵明觉，即所谓本然之良知也。"①虚灵明觉，可谓是良知之"本德"。

王阳明认为"虚""无"就是"良知的本色"，是心体自身的本然实在状态。圣人不能在"虚""无"上添加丝毫"实""有"，只不过是还它个自身"本色"而已。但必须注意的是，这里的"虚""无"，并不是常识所谓"不存在"，而是强调良知无形无象的无限性及其涵摄一切万物的无限的包容性，天地

①《答顾东桥书》，《传习录》中，《全集》卷二，第53页。

万物俱在良知的发用流行之中，所以说"人心是天渊，心之本体，无所不该"①。在这一意义上，良知作为心之本体，它自身的实在状态是超越于经验上的现象性的，是形而上的。

"虚"是说心体（心之本体、良知）并不是某种可以诉诸经验的现象，而是"虚体"。因此王阳明强调："所谓汝心，亦不专是那一团血肉。"②良知既是"虚体"而非"实体"，它就不具有质实性，不是具体的、有质碍的、有方分的、有边界的、有限的、可诉诸人们的官能感觉而被直接经验的。一切现象性存在都是具体的，是以特定的空间—时间结构为其存在的处所，并在空间—时间的连续性中呈现其存在的过程性。因此，一切现象上所呈现的"实体性"存在，均为有限；既为有限，便不具有涵容性，也即不可能在其存在的空间—时间结构中同时容纳其他存在物的存在。而"虚体"则与此全然不同。因它本身是虚而非实，所以它不以任何单一的具体形象或状态来呈现其自身，因此任何具体现象都不能被指称为心体本身；但另一方面，任何现象都依它而在，它是无所不包的、其大无外的、无限的。犹如太虚之无形，日月星辰、风雨露雷、山川民物，"凡有貌象声色"的一切现象，"皆在太虚无形中发用流行"，又未尝能成为太虚的障碍。

而良知之"灵"，则阐明良知本体虽为"虚体"，但其存在

---

① 《传习录》下，《全集》卷三，第109页。

② 《传习录》上，《全集》卷一，第41页。

的真实性不容怀疑。作为真实的存在，只要它处于与他物的对象性交往关系情境之中，它即能"应感"而动，照了对象物的当前实际存在状况，使对象物的存在性得以如实呈现，从而还原对象物存在的本来情状。良知永远能够应感而动、照了事物的当前情状，乃是良知作为本体的本原能力。"照了"即是这一本原能力的自我运用。需要指出的是，良知之当机的应感而动，从王阳明的叙述来看，并不存在"过程性"，而只是一个"寂感神应"，无前无后无中间。良知自体的呈现与对象物之存在性的还原是即时性的、瞬间同时实现的，这也正是称之为"灵"的根本缘故。王阳明曾说："人之本体，常常是寂然不动的，常常是感而遂通的。未应不是先，已应不是后。"①"寂然不动"即是"未应"，是本体的自在状态；"感而遂通"则是"已应"，是本体的表呈状态。"寂然不动"是"感而遂通"的保证，"未应""已应"却并无先后之别。"寂然不动"既是良知本体的自在状态，因此其"照了"的对象性运用一经完成，便仍须撤回其自身的本在，保持其自体的"寂然不动"，故就本体上说，良知是"虚""静""寂"，是"形而上"；但原于良知自体之"照了"的本原能力，一旦处于经验的对象性关系情境之中，它便应感而动，"感而遂通"，还原出对象物的本真实相，故就发用上说，良知又是"实""动""显"，是"形而下"。

良知之"明"，阐明良知本体原本自明，是闪耀其本明的辉

---

① 《传习录》下，《全集》卷三，第139页。

光的。正因它是本明，所以才能"照了"。犹如镜子，必其体明，方有照用。在王阳明那里，本来自明的良知，即是"天命之性"，即是"明德"。王阳明认为：

> 明德者，天命之性，灵昭不昧，而万理之所从出也。人之于其父也，而莫不知孝焉；于其兄也，而莫不知弟焉；于凡事物之感，莫不有自然之明焉；是其灵昭之在人心，亘万古而无不同，无或昧者也，是故谓之明德。……天命之性，粹然至善，其灵昭不昧者，皆其至善之发见，是皆明德之本体，而所谓良知者也。①

良知之为"灵昭不昧"，表明其本体的自明状态。"自明"即本明，并不待借助任何其他外在物来使它"明"，也不是由认识活动来照亮它，故它是自体明澈的。因此，"我的灵明，便是天地鬼神的主宰"②。天地鬼神的良知，即我之灵明。朱熹称"明德"为"纯是此理""纯粹至善之体"，这是因为"理"或"至善之体"本然自明，纯然本明，并非"黯昧"。王阳明称之为"明德"，并无不同于朱熹的说法。故此说，"良知者，天理之昭明灵觉处"③"心之本体即天理，天理之昭明灵觉，所谓

---

① 《亲民堂记》，《全集》卷七，第279—280页。

② 《传习录》下，《全集》卷三，第141页。

③ 《答欧阳崇一》，《传习录》中，《全集》卷二，第81页。

良知"①。良知为"本然明觉"，它固然是本体之"虚灵明觉"，也正是"至善之发见"。因它是"本体"，是"明觉"，所以它的存在本然即是纯粹至善的，是至善的自体呈现。

良知之"觉"，更着重说明它是灵昭洞彻，澈然明了的。良知并非浑浑噩噩、模模糊糊，而是"觉"，即洞明无碍、彻底澄澈、清晰明了。这一意义，也已包含于前述的"灵"和"明"的论述之中了。王阳明在此所要阐明的，是良知自体的这种觉了澈然的存在状态乃其自体的本原实在。在阳明看来，良知（心体）之"虚灵明觉"，即是说"良知"自体乃是一个虚而不实、灵昭洞彻、澈然明了的自在的存在本体，并且它是"至善"的存在体。

正因良知是"虚灵明觉"，这表明其不受时间与空间的限制，而具有一种恒常之特性。王阳明认为：

> 盖良知之在人心，亘万古、塞宇宙而无不同。不虑而知，恒易以知险，不学而能，恒简以知阻。先天而天不违。天且不违，而况于人乎？况于鬼神乎？②

这里，"亘万古"是就时间说，"塞宇宙"是就空间论，"无不同"则言其无论空间—时间结构如何变化，良知均保持其自身

①《答舒国用》，《全集》卷五，第212页。
②《答欧阳崇一》，《传习录》中，《全集》卷二，第83页。

实在状态的同一性。这表明，良知的存在，在时间和空间上都是"常在"的，一切现象在空间—时间的连续性中变化，但良知总是保持其存在的同一性，其同一性的绵延是无限的。正是因为良知自体是恒久不已的常在之体，所以它才能够常觉常照；虽常觉常照，"妙用无息，而常体不易"。良知自在之"常"在现象世界的呈现，即是"遍"。"遍"是良知"塞宇宙"之空间无限性的展开。良知之"遍"，首先体现在它在一切人那里的平等存在，是"人人之所同具者也"。王阳明认为，良知的普遍性不仅遍一切人，而且遍一切处、遍一切物，如此方能谓之"塞宇宙"。《传习录》中有如下对话：

> 朱本思问："人有虚灵，方有良知。若草、木、瓦、石之类，亦有良知否？"
> 先生曰："人的良知，就是草、木、瓦、石的良知。若草、木、瓦、石无人的良知，不可以为草、木、瓦、石矣。岂惟草、木、瓦、石为然，天地无人的良知，亦不可为天地矣。"①

这段对话表达了良知之遍一切处、遍一切物的无所不在。天地间一切万物，风雨露雷、日月星辰、禽兽草木、山川土石，皆因人的良知而得其存在性的普遍还原，因此"人的良知即是草

---

① 《传习录》下，《全集》卷三，第122页。

木瓦石的良知"，良知是实现宇宙天地一切万物之普遍联系的根本原点。正是良知存在的无限普遍性，使其能够建立起"天地万物一体之仁"，实现无限普遍的意义世界之建构。良知之在的既"常"且"遍"，遍一切处，遍一切物，则必然还遍一切时，由此涉及"动静""起灭"等问题。从根本上说，这些问题是关于良知自体存在之"常""遍"在空间—时间的无限连续性中是否保持其同一性的问题。王阳明认为，良知本体是恒久不易的常在之体，应感而动而非动，还归本虚而非静，照用现起而非起，因此方能谓之常在不易。良知以其本明而能照察事物之本来情状，故谓之"照心"；"妄心"则诱于物欲而起，非良知本体的自显，故谓之"妄心"。良知无所谓动静，"恒照则恒动恒静"，动静一原，体常归一。正因为真妄相即，体一不二，所以才可能即妄而真，"点铁成金"。既然是"妄心亦照"，那么良知的存在就无分于有事无事，而只是一个无动无不动、无静无不静的湛然常在。良知本体的自在状态无分于动静，因此事实上也不可以动静言本体。无论其动还是静，皆为本体的自在状态，动是本体的自显，静是本体的归寂；不论其自显还是归寂，皆为本体之自是。因此良知便永远是湛然明莹的自在常在之体，虚明灵觉，常感而遂通，常寂然不动，不增不减。良知之体既是常觉恒照，无分于动静，那么也同样无分于起不起，无起无不起，无在无不在。良知即是"恒照"者，是常在者，无起无不起，不可以起不起言本体。若有起即有灭，故谓若以为良知

"亦有起处"，"则是有时而不在也，非其本体之谓矣"①。

良知本体之常在，是在无方所，在无定在，无在无不在，无所不在，所以就有"变"存乎其中。在中国文化中，"常"与"变"不是对立概念，"变"是为"常"所涵摄的，有"常"就必有"变"。良知本体之"常"，是就其存在性的同一性而言；"塞宇宙"是就其存在之"遍"而言。"遍"则遍一切处所，处所可"变"，而本体自身的存在性不变，是永远保持其自身本然存在的同一性的。良知之存在性在空间与时间的无限连绵中实现其自身存在性的同一。

良知的湛然常在、常寂常照，既是其自体的本然实在状态，也为其自体根源于其本原能力的自显方式，非关任何外力的作用。因此在现实性上，如若良知之"用"的发现与其自体之本在状态纯粹同一，实为"体用一源"，妙合无间。而在作为实践者的主体那里，便将真实体会到良知本体得以如实呈现的无尚喜悦。良知本体在现实性上的即是即用即照的实现，必然伴随其自身得以如实呈现的实际生命体验。良知的实现就是本体的复位，自身得以如实显现就是自乐。王阳明认为：

　　乐是心之本体。仁人之心，以天地万物为一体，訢合和畅，原无间隔。来书谓"人之生理，本自和畅，本无不乐，但为客气物欲搅此和畅之气，始有间断不乐"是也。

①《答陆原静书》，《传习录》中，《全集》卷二，第69页。

时习者，求复此心之本体也。悦则本体渐复矣。朋来则本体之訢合和畅，充周无间。本体之訢合和畅，本来如是，初未尝有所增也。就使无朋来而天下莫我知焉，亦未尝有所减也……良知即是乐之本体。①

乐是心之本体，古来除孔、孟以外，真无人见得到此。"良知"之乐，虽不同于七情之乐，它是本体如实呈现而在主体那里所产生的一种自然喜悦，它是"内源性"的，实为良知对其自体得以真实体现的自我肯定，所以说"良知即是乐之本体"。同时，它亦不外于七情之乐。七情是人在经验的对象性交往关系情境之中，因对象之感而生发的心理状态，所以谓之"感情"。感情的生发或现起，必以感官与对象物的交感为必要条件，是有赖于交往对象在特定现场之促发的，因此也即是外源性的。然良知本体之乐，则无待于外源性的对象为之促发，而是本体因自身的实在状态得以实现而产生的一种自我肯定，根本上是内源性的。因此之故，所谓本体之"真乐"，实质上是本体在特定情境之下因获得其存在性的真实体现而转换出来的一种心理状态。换言之，七情作为情感现象，既是外源性的"感官愉悦"的表达者，又是内源性的本体之"真乐"的现实体现者。七情的恰当体现即是本体之"真乐"。而所谓恰当体现，是指七情的实际表达契合于特定情境之下良知本体自身存在的真

① 《与黄勉之》，《全集》卷五，第216—217页。

实状态。当喜则喜，喜合乎本体自身的真实情状，即是"真怒"；当怒则怒，怒合乎本体自身的真实情状，即是"真乐"。七情皆然。因此，根本问题显然就并不在于把七情笼统地归结为"欲"而要去之、除之、灭之，而在于使七情的表达能够恰当于、契合于心体自身。"意"契合于心体的本然真实状态，谓之"诚意"；"情"契合乎良知的自身情状，则可谓之"正情"。"诚意"作为工夫，在现实性上，显然必须将"正情"包括在内，也即是要使七情的表达能契合乎心体自身的本然中正。

凡契合于心体本然中正的"正情"，即是良知之用，是良知自体的实现方式，因此就其经验价值意义而言，即是"善的"。因此，王阳明只强调"七情不可有所着"，因为"有所着"即是偏，偏则失中，失中即不正，不正即不可能是本然中正的心体之所发，就不是事实上的"良知之用"，亦即为"欲"，在经验价值意义上才落于不善或恶。在经验生存状态之下，使凡七情之发皆得其中正，正是"诚意"的实功，也是"致良知"的实功。不只七情为然，现实生活中个体的全部行为活动，厥惟恰当乎良知本体的本然真实状态，心体自身才得其安。既得其安，则"乐"也随之油然而生，所以孟子说："反身而诚，乐莫大焉。"①

综上可知，王阳明所言"良知"，具有更为丰富的内涵。

其一，良知是人人都先天具有的"本心"，因有良知，人才

①《孟子·尽心上》，《孟子正义》卷二十六，第882页。

可能发出各种视听言动的生命活动，实现自我的生命功能。良知是生命的本原。

其二，良知同时又具有本然的"自知"能力，不仅能够实现自我知识，而且能够把它自己体现于一切知识活动，实现对人、事、物之是非的判断，并使我们关于概念、判断、推理等知识活动成为可能。良知是理性的本原。

其三，良知即是"未发之中"，它使我们在日常生活之中喜怒哀乐等一切情感的表达成为可能。良知是情感的本原。

而在"成圣"的过程中，致良知功夫做得尽、做得充分完善，实现天地万物一体之仁，那么个体的生命便即转进于圣人境界。"致良知"既是圣人之学的思维起点，又是成为圣人的终极工夫，这便同时引入良知的另一层内涵——德性本原。

王阳明曾言"无善无恶心之体"，这句话历来受到广泛的质疑与批评，但却揭示出作为"心之体"的"良知"的重要特性——"无善无恶"。阳明又言："无善无恶，是谓至善。"①在王阳明看来，至善是最高的善、绝对的善。日常生活中的"善"，往往是相对于"不善"或"恶"的，是相对的价值。然而，心的本质或良知的存在则是超越相对的，它是先验的和普遍的。因此，作为价值的本原，良知被视为超越一切经验相对价值的绝对存在。良知被称为"至善"的原因之一在于它超越了任何相对的"善恶"范畴，或者说它与任何经验上的"善恶"

---

① 《传习录》上，《全集》卷一，第33页。

无关。正因为它"无善无恶"，它才能够是绝对价值的中立者，能够准确地辨识和判断所有相对价值（"知善知恶"）。良知作为存在的终极实相和真实本原，成为所有经验活动的真伪评判标准（"知是知非"）。可以类比为数轴上的原点（0），它既非正数也非负数，超越了正负之分，却能准确辨识出所有正数和负数，为它们的存在和性质提供了清晰的标准。由此，良知本体的清净性能被确证下来，王阳明曾对此有过"镜体之喻"：

> 良知之体，皦如明镜，略无纤翳。妍媸之来，随物见形，而明镜曾无留染，所谓"情顺万事而无情"也。"无所住而生其心"，佛氏曾有是言，未为非也。明镜之应物，妍者妍，媸者媸，一照而皆真，即是生其心处。妍者妍，媸者媸，一过而不留，即是无所住处。[1]

镜体之"明"，是其本明，因此本明，方能照物。"良知之体，皦如明镜"，良知作为"明德"，也是其本明，同样因此本明，方能自觉而觉他，保持其"常惺惺"的本然明觉。"略无纤翳"，即是清净。明则净，净则明，明净原是一体。镜体"随物见形"，无所留染，即表明良知本体清净而不受染污。正因其本体清净，当它处于经验的对象性交往关系情境之时，方能"一照而皆真"，如实呈现事物存在的本然真实状态；既照则"一过

---

[1]《传习录》中，《全集》卷二，第79页。

而不留"，即还归其自体存在的本然清净。王阳明引《金刚经》"应无所住而生其心"来说明良知自体的本来清净，以为"一照而皆真，即是生其心处"，"一过而不留，即是无所住处"，实堪玩味。"生其心处"是"真己"的随缘显现，同时使"缘在"的对象物的存在得以显扬；"一过而不留"则是"真己"还归其自体清净的恒常，而不为"缘在"所染污。在对佛教的这一借用之中，王阳明已将良知本体之自在状态的本然清净阐释得十分清晰。故良知本然地"知善知恶"，能够对一切经验情境中相对价值作出恰当判断，并且使我们能够从事于现实的道德实践活动。

良知"无善无恶"是价值的绝对或绝对的价值；在价值的本质上，它超越了一切经验意义上的相对价值，却同时又是所有相对价值的根源和现实判断者。良知的本质是"无善无恶"，却能"知善知恶"，"无是无非"却能"知是知非"，因此被称为"至善"。这种"至善"的本体实在状态，无法用"善恶"或"是非"来定义，因此只能描述为"中"。王阳明曾言："良知即是未发之中。"这里的"中"意味着大中至正、公平正义，它是绝对公正无私的。因此，良知即是中道的本质，原本是公平正义的；良知即是真理，是真实无妄的。由此可知，王阳明讲"无善无恶心之体"，实际上正是特别强调了中正公义即是至善。"致良知"即是实现真理，这就是对于至善的实践，所以是"以人而达天""尽人道以达天道"的工夫。

故"致良知"之实功，即是要确保凡"中体"之发而皆能"中节"，从而实现良知本体之于经验的对象性交往关系情境中的如实开显。"中体"之为"未发",乃超离于任何相对情境,不可以是非善恶言,故谓之无是无非、无善无恶;然"中体"之已发,则落于经验的相对情境,乃必有是非善恶。惟当本体实现其真实原在状态的经验还原,使经验事物能得其存在的真实状态(事实)、情感表达能契合乎中体自身(正情)、价值判断能依循于本原实际(善恶),方始为"善的"。因此之故,无善无恶之"中体",恰成为本原之正义,而为一切经验之是非善恶的判准,故为"至善"。由此可知,一切经验上可被判断为"善的",皆因"中体"之实在实现了向经验状态的迁移,故惟正义方是"善的"。"中"即良知本体之究竟实相,是为"至善",故"致良知"即是"致中和"。

与此同时,正因为良知"无善无恶",仅仅是公平正义、廓然大公,所以良知具有公共性,即天下所有人的良知具有一致性。王阳明既言"人的良知就是草木瓦石的良知",这至少表明,最广泛意义上的良知的个体性的揭示,恰好就是良知的公共性在最广泛义域上的内涵。由于良知的个体性实质上是对宇宙终极本原之道的"分有"或共享,因此就人的存在的本原性而言,实与天下万物同一实性。正是这一同一性的存在,才构成了"天地万物一体之仁"或"人与天地万物为一体"之所以可能的理论根据。这表明,我们绝不能将个人私心的偏好或私意误认为良知。然而,这恰恰是人们在理解"致良知"时非常容易犯的错误。甚至在阳明弟子之中,也出现了理解的偏差。

尤其是以王畿为代表的"浙中王门"以及由王艮为代表的

"泰州学派"所开出的所谓"王门左派"，在观点与行为上皆愈趋于激进，人人以为"良知现成"，以至于束书不观而事无根之游谈。诚如刘宗周所批评的那样："今天下争言良知矣，及其弊也，猖狂者参之以情识，而一是皆良；超洁者荡之以玄虚，而夷良于贼，亦用知者之过也。"[①]"猖狂者"之弊，在"参之以情识而一是皆良"，即是把掺杂了"情识"的私意、私见、私情、私欲混同于"良知"；"超洁者"之弊，在"荡之以玄虚而夷良于贼"，即是说玄说妙，抽去了良知的实践内容，以一切笃行持守之事皆为犯手做作，从而把良知挤入于玄虚之域，名为"致良知"，实为斫丧良知。刘宗周的这一批评，最为切中时弊。"王门左派"虽有某种意义上的解放思想之用，但在理论上，"良知现成"是对王阳明"致良知"说的误用，在实践上则可能构成对社会公共生活秩序的侵害。把"情识"混同于"良知"，几乎不可避免地会导致借"致良知"之名而行"致私意"之实，甚至于以任情适意、肆情放纵为"真性情"，从而落入"狂禅"一路，走向"致良知"的反面。

事实上，良知的个体性与公共性、绝对性与普遍性是交相圆融的。作为"本心"而存在的良知，在它体现为个体性的同时，又深刻地内含了人类的本质共性。个体性的真实表达即是公共性的体现，公共性成为个体性的限度；但公共性只能通过

---

① 刘宗周著、吴光主编：《证学杂解》，《刘宗周全集》第三册，浙江古籍出版社2012年版，第248页。下引该书仅注明篇名、页码。

个体性来体现，因此个体性又成为公共性的限度。正是两者的互为限度，终究在存在的本原性意义上，实现了两者的相互同一。因此在阳明心学的视域之下，"个体性"尚不能作狭义的理解，它是通达于一切万物的。正因有良知的公共性在，所以坚持实践上的"知行合一""致良知"，也即是把个体存在的本原实性真实地体现于现实的生活世界，才成为突破自我的个体性局限而把生命导向博厚高明之无限境界的圣学工夫，才不会流于私心私意之任情适意的纵恣放逸，才可能成为实现"万物一体"的途径。

良知作为生命本原、理性本原、情感本原、德性本原，它的存在是先天的、绝对的、普遍的，是真正的"天人之际"的现实关键，是人作为生命存在的本原性实在。一切知识、情感、理性、道德、审美等等，皆由此出。王阳明对于良知的揭示，使他早先关于"心即理"的论断获得了进一步的理论拓展，人与天地万物为一体，以至于心外无物的无限阔大的生命境界获得了根本的理论支撑，主体的精神世界与物质世界之间的联结有了一个根本的关键性节点，存在的本质实性的还原与经验生存过程中道德践履的必要性之间则获得了逻辑上的一贯性。他原先关于"格物致知""已发未发""体用一源"等命题的理解与领会，更因良知的建立而成为一个体用兼备的完善理论系统。

如果我们懂得"致良知"，能够在日常生活实践之中把自己的良知如实地体现出来，在一切我们与之交往的对象性交往关系情境之中，都能把我们的本原良知体现出来，那么我们就享有一种与自己的生命实相同一不二的现实生活，从而实现生命自身的完整、独立与自主，更为重要的是，"心即理"这一"先验真实"就通过我们的生活实践而被转换为"经验真实"，我们因此而实现经验与先验的统一、后天与先天的统一、形下与形上的统一，以及一切知识、情感、理性、意志、道德之生活的统一，这样才真正实现了存在的完整性。如果不是这样，而是以私心、私利、私欲的满足为目的，那么我们就会在对外物的追逐之中丧失自我生命的本原真实，就会造成经验生活与生命的"先验真实"之间的断裂，从而使生活走向生命目的的背反。可以说，"良知"是生命得以安立的本质基础，正是有了这个基础，我们才能在天地间堂堂正正地做个人，"致良知"则是还原生命实相的工夫。

王阳明对于"万物一体"的认识，渊源有自。在中国文化传统中，孟子有"万物兼备于我"[1]、庄子言"天地与我并生，而万物与我为一"[2]、墨子亦有"兼爱"之说。宋明时，张载提出"民胞物与"、程颢发明"仁者，以天地万物为一体，莫非己也"[3]等也都发展了这一理念。而王阳明晚年在绍兴讲学，更是以"万物一体"的阐发为中心。从阳明心学整体的理论结构来看，"万物一体"是"心即理"的全部展开，是"知行合一""致良知"作为实践工夫所达成的终极境界，因此也是阳明心学体系的逻辑终结。因此，对于"万物一体"的理解与领悟，采取一种特别的"观门"便尤其重要。

一方面，就本体论与宇宙论看，中国文化自古以来确信一

---

① 《孟子·尽心上》，《孟子正义》卷二十六，第882页。

② 郭庆藩撰：《庄子集释·齐物论》，中华书局1961年版，第79页。

③ 程颢、程颐著，王孝鱼点校：《河南程氏遗书》卷第二上，《二程集》，中华书局2004年版，第15页。下引该书仅注明篇名、页码。

点：六合之内，古往今来，唯一阴一阳之道为最初的存在者，也为最后的存在者。日出东方便天地开明，阳和渐盛；日落西山则万物归寂，阴气充盈。由此"一阴一阳"而展开了宇宙全体生生无已的本原秩序，一切万物都在这一秩序当中实现其各自的生存，生存的有序性与无限性达成了终极的统一。天地对于一切万物"无不持载，无不覆帱"，而"四时之错行，日月之代明"，便是由"一阴一阳"而展开的宇宙本原秩序。在这一秩序之下，"万物并育而不相害，道并行而不相悖，小德川流，大德敦化。"①是为由宇宙之本原秩序所实现的和谐，呈现出了个体与整体统一、秩序性与无限性统一的共在、共生的总相。我们生存于其中的宇宙、宇宙的全体现象、现象所呈现的一切生存毁亡，尽管千差万别，无限多样，但实质上仍是统一的，这统一的原点即是"道"。而道对于一切万物之存在的共相统摄，正为天下万物为一体之所以可能的根据。道既产生了一切万物，也普遍存在于一切万物之中。人是自然世界的一部分。如果万物是因有得于道才获得存在的，那么人也是如此。

人与自然世界一切万物原是共享终极的生命本质的。一切万物皆无不从道那里禀受其性而成就其自身，道生万物，便即是性一分殊的过程。摄分殊而会归于一，也可谓天下即一性而已。因此，"万物一体"不是一种生活常识，也不是经验所呈现的现象存在，而是一种独特理念观照之下才得以呈现的宇宙生

①《中庸》，《四书章句集注》，第37页。

命存在的整体样态，因此也是一种独特的生命境界与价值境界。它原是超越于常识的。从常识来看，则物物各异，人人有别，皆不可能"同体"。而以"心即理"为基点或"观门"对一切存在现象进行统体观照所呈现出来的整体存在性：人人一体—物物一体—天地一体—鬼神一体，如此才叫做"万物一体"。人、物、天地、鬼神，不过是"灵明"观照之下所呈现出来的不同生命存在面向，故"灵明"的同一性即是万物存在的统一性。一切万物存在作为一个存在的统一场是以"灵明"为其归极统一的原点的。因此在阳明先生那里，其思想体系建立与展开的全部逻辑行程，皆以"心即理"为根本依据。其体系的完整性，正体现于原始要终，皆能会其有极，而归其有极。"心即理"即是其学说之"极"。极者中也，即道即性即心即体即用。无所不用其极，则一中一切中，一真一切真。由此而可知"万物一体"之说。

天道的客观实在性被同一于人的本质存在性，而由于实在者之本身的法则被转换为人伦理法的根本原理，普遍的必然性遂实现了向当然性的内在迁移，天道不仅是一个可以被人领会而敬畏的对象，而且成为一个可以为人在生活过程之中切实加以实践的对象。随着天道的这种"异己性"的充分消解，"主体性"遂在一个更为阔大的宇宙背景之中有力地挺立出来，人成为"天地之心"，是天道之存在及其意义的唯一能动的体现者与实践者。这一"主体性"意义的显化，使人本身的存在突破了其有限自体的局限而与天地万物融为一体，有限者因融入无限者本身而成为无限。这样看来，天道与仁的同一，或者说天道将其自身表达为人道的本质，在改变了其本身之存在状态的同时，实质上也改变了人的存在状态。人不再仅仅是一个天道的被动服从者或天命的接收者，而已然成为天道的积极领悟者与能动的实践者，甚至是可以介入、干预天道的现实表达方式及其存在状态的，是可以"赞天地之化育"的。生命因源于最高实在而获得其存在的神圣性，仁之德性的经验表达或道德行为本身则因原本于天道的必然性而获得其当然性的神圣性，因为存在的本体完全是道德的本体，道德的践履完全是个体表达其生命实在性的唯一方式。

王阳明接续了孔子使仁本身成为集中体现"主体性"的意义本体的思维路径，但又不仅重视天道本体之内化为人道本质的哲学诠释，而且尤为强调心体本身之实在状态所固有的澄明与至善。由于心体具有将其自身的本质实在性表达于经验生存领域的必然性，因而对于心体之至善的澄明状态的内在认同与自觉切入，便不仅为主体性的真实内容，而且也为优入圣域的关键环节。心体之澄明的自觉顿达，即是对其经验生存之非本真状态的即时消解，也即是存在之终究实性的即时还原。而因此以"知行合一"为体现方式的"致良知"的活动，也就是把我们内在的本质力量，把人的真实的存在性，体现到自我生活的全部过程的根本途径。"万物一体"也不仅是一种源质上的必然，同时也能成为"人"所能达成的实然。

这同时表明，"人"的存在本身又是最具特殊性的。人恰好就是道的存在的最为完整、纯粹而又集中的体现。也即是说，人的生命本质与道是相同一的。人与世界的一切万物有着本质上的共性。这种共性的存在，是人实现与天下万物融为一体的基本根据。然而，仅仅讲人与世界万物具有本质的共性是不够的。实际上，我们还必须将人和自然世界的其他万物区分开来，只有实现了人与世界万物的区分，人才真正成为人。因为只有在这个意义上，人才能表现出真正意义上的自觉性。

中国古代哲人基于人与天下万物统一的观念，通过各种卓越的思想努力，也探索了将人与自然界万物分隔开来的不同方式。首先，从生活现象的角度来看，人在自然世界的各类生物中具有独特的特性。《礼记》提到了三个方面，人通过食物的享用、语言的表达和服饰的选择展现了与众不同的生活现象。尽管人类的食物来自自然界，但在食用时，经过烹饪处理，添加了各种风味。而语言则是人类通过声音传达思想、意识和情感的独特方式。此外，人类的服饰不仅仅是为了保暖，更是一种美学表达。这些生活现象展示了人类通过自我活动来实现生活的独特性，与自然界的其他生物有所区别。其次，从类的角度来看，我们可以通过对自然界万物的分类来区分人类作为一个独特类别的存在。《礼记》同时指出，人类是阴阳交汇、鬼神相会、五行精气的结合体。正因为人类具备五行精气，所以人类即是天地之心。荀子在《王制》中更为详细地描述了这一点。荀子将自然界的一切万物分为四类：无生命但有气的水火，有生命但无知觉的草木，有知觉但无义的禽兽，以及拥有气、生命、知觉和义的人类。荀子强调，人类之所以最为尊贵，是因为人类不仅具备气、生命和知觉，还有能力作出道德判断并自觉行动。这种分类方法帮助我们理解人类如何通过独特性来与自然界的其他生物区分开来，这种分离使人类获得了自我独立性和完整性。

事实上，个体的生活世界，实质上便是个体本身之心灵状态或其精神世界的对象化开展形态，同时又是一个天地人神共在的世界，《周易》指出："大人者，与天地合其德，与日月合其明，与四时合其序，与鬼神合其吉凶。"①这种合其德、合其明、合其序、合其吉凶的境界称为下学而上达，通过对本心即道、本心即理的内在体认、内在体知、内在体悟的不断追求，逐渐显现在外的过程。它充分体现了个体的主体性，是主—客体充分交融的，并因此而成为其生存意义得以呈现的一般境域。需要给予强调的是，个体实现其心灵世界之对象化展开的动力机制，除了现实的实践活动以外，不可能是任何别的什么东西。正因为如此，个体的生存过程，实质上就成为其生活世界的建构过程；也同样因为如此，我们在享有一个共相的、普遍的、一般的所谓客观世界的同时，又享有一个特殊的、本质上不与他人共享的个体的生活世界。只是有一点，由于这一个体的生活世界是个体本身的主体性及其经验实践的实际产物，因此不

---

① 阮元校刻：《周易正义》，《十三经注疏》，中华书局2009年版，第30页。下引该书仅注明篇名、页码。

管其结果如何，个体都必须担负起对于它的完全责任。在一般意义上，个体通过自身的经验实践活动将他的主体性表达于现实领域，将他的心灵状态与经验世界相互联系到一起，由此即构成他本身的生活世界。而特别重要的是，这一生活世界本身，又是他本身作为主体性存在所开显出来的意义世界与价值世界。因此，一个人的生活世界与他的意义世界、价值世界是同一的。

而从更宏观的社会维度来解读"万物一体"，则其现实表达实际上是儒家大同理想的实现。人的存在首先是个体的，如何使个体能够获得更为良好的生存，是儒家最为切要的一个核心问题；但个体是在群体当中的，群体是个体的集群，所以如何使群体能够在天地之间获得更为良好的生存，同样成为儒家关心的重大问题。什么叫做良好的生存？如果理论一点来讲，就是个体人的生命本质、他的现实生存状态，包括所谓物质的与精神的，这些方面能够最大限度地融合统一到一起，从而体现我们生命自身存在的完整性，尤其是生命存在本身的意义与价值。所以从整个社会共同体的公共层面来讲，儒家真正关心的是社会公共制度的建设，以形成良好的公共生活秩序；从个体的生存方面来说，儒家关心的是个体心身秩序的完整建立。个体的心身秩序与社会共同体的公共秩序，这两者显然是不能相互违离的，正因为如此，个体就有修身问题，而就社会公共制度来说，就有制度是否合理的问题，合理的制度是能够确保个体人格完整统一的有序表达的，并且是能够为共同体中的个体提供良好的生存保障的。

在儒家看来，要进入这样一个天地人神共在的世界，首先需要依靠"礼"。礼的根本在于它原本源自天道。圣人根据对天道的深刻理解和反思，进行变化和调整，将天道转化为适合人类社会的秩序，这就是所谓措诸于民。因此，理的核心意义实际上是一种制度综合，它不仅仅局限于单一的制度，而是涵盖了各种形式的制度，但其核心意义始终如一，即将我们内心的声音和人类的现实生活有机地融合成一种特定的秩序，这就是人道。人道的本源乃是天道，所谓人道不外乎是天道在人间的应用和体现。因此，天人之道本来就是一体的。在讨论礼作为制度综合时，可以简单地归纳为以下四个方面的内容。

第一个方面是政治制度，它处理日常生活中的政治秩序，通过君臣关系等政治制度体现。这些制度包括了天子、诸侯、卿、大夫、士等五等爵位，构成了政治体制，旨在实现各级政府官员间的良好秩序。

第二个方面是伦理秩序，重点在于父子关系，这是最基本和重要的伦理关系之一。父子关系在家庭中扮演了不可替代的角色，是所有伦理的基石。这种基础的伦理关系通过理的制度进行规范，包括十个方面的人义，如父慈子孝、兄良弟悌等，这些伦理关系不仅限于家庭内部，也扩展到社会各个层面。

第三个方面是公共生活的秩序，即社会交往的公共法则。这包括士人相见礼、见诸侯、诸侯如何见天子等公共秩序的建立，旨在规范社会中的公共交往，维护社会的稳定与和谐。

第四个方面则是处理与神灵的关系，包括祖先、山川、日月、天地等的祭祀。这些祭祀仪式构成了礼的重要组成部分，尽管在现代生活中往往被忽视，但在古代社会中却占据了不可或缺的地位。

礼的整体制度综合展示了一个天地人神共在的世界，其中包含着道德的、存在的、有意义和价值的世界。而它的终极形态，便是"大同"。"大同"充分体现了中国古代文化关于社会（作为人群生活的共同体）必须充分彰显普遍人道价值的根本诉求。在"大同"社会，任何人（老、壮、幼、矜、寡、孤、独、废、疾）的个体的生命权、生存权、举荐权（"选贤与能"，"与"通"举"）是作为基础性的共同价值理念而得到普遍尊重的，社会则能够为共同体的个体成员达成其更为良好的生存而提供现实条件并实施制度保障。这一"大同"，正是"仁"这一普遍人道价值得以充分实现的人道世界。"大同"的实现，必以血缘上的"亲其亲""子其子"的关系突破为前提，故谓"不独亲其亲，不独子其子"。

由此可见，代表了人道世界之本原价值的"仁"及其所实现的万物一体境界，绝不可能是局限于血缘家族的，而只能是基于血缘的家庭生活以激活其先天原在的、本原性的"仁"这一价值本体，继而实现血缘家族关系的现实突破，进而转换出万物一体的普遍人道价值，才是真正有可能的。孟子曰"亲亲而仁民，仁民而爱物"，岂徒然也哉？而王阳明要"共明良知之学于天下"，便是一条济天下于"大同"的康庄大道，这也正是王阳明提倡良知之学的终极目的。

作为一位哲学家和思想家，王阳明与其他学者有所不同。他的一生非常奔波，这既是他生命中的坎坷历程，也是他思想不断深入的过程，这两者在王阳明身上是完全同步的。

王阳明在"龙场悟道"后提出了"心即理"，是其第一个命题，也是整个阳明心学逻辑架构的开端。在"龙场悟道"之后，王阳明在贵州讲学时提出了"知行合一"，这是实现"心即理"这一预设的根本途径，也是他的第二个命题。在江西剿匪、平叛期间，王阳明提出了"致良知"。"致良知"本质上与"知行合一"的内涵一致，是"知行合一"的进一步深入和理论上的推进与完善，这是他的第三个命题。正德十六年（1521）后，他离开江西回到绍兴，在绍兴讲学六年，继续讲授"致良知"，并提出了"万物一体"。按照现代观点，"心即理"是本体论或形而上学，是关于人的存在与世界存在本原同一性的确认；"知行合一"和"致良知"是实践论或工夫论，关乎人自身存在的现实表达，是通过主体自身的实践来实现这种本原同一性的途径与方法。因为人的经验存在不是理论预设，而是必须通过个体自我的经验实践来呈现的。这一实践所达到的终极状态，便是"心外无物"或"万物一体"。在这一意义上，"万物一体"或"心外无物"是境界论。"心即理""知行合一""致良知"和"万物一体"这四大命题构成了阳明心学的整体架构，形成了一个非常完整的内在逻辑结构。

需要强调的是，建构这一完整逻辑的过程恰好与王阳明的全部人生道路相一致。回望王阳明的一生实践与思想演变，实质上是前后相贯、体用一源、本末一致的，这就是对于圣人之学、圣人之道的不懈追索，体知、体会、体悟、体证、体现，把圣人之道付之于日常生活的实地践履。尤其经"龙场悟道"，为其全部思想与生活建立起了"本心"这一根本原点之后，其思想所展开的整体路径，便是以"本心"的开明为基点而呈现出来的生命境界的不断开廓、转进与超越，而终究导向圣人境界的本质跃迁。因为我们日常所处于其中的生活世界，实质上并不是一个独立的、纯粹客观性的世界，而是人在其世界生存过程中不断表达其存在性而汇聚的共相结果。阳明先生倡导"良知""本心"之说，实际上只是强调这样一点：我们应当把自己的真实存在性通过自己的生活实践真实地体现出来。

"圣人之学，心学也"①，正是这一关于"圣人之学"的本原性确断，不仅使王阳明在思想史展开的纵向维度上成为宋代自张载以来，经由陆九渊、杨简、赵偕等人的传承性发展，逐渐形成并显著凸现于学术史的"心学"学派的集大成者，而且在其自身思想结构所展开的横向维度上，为其全部学说确立了本质原点。这一"本心"的原点，在阳明那里，即是其思想所展开的无限阔大境界的运行轴心，在现实性上，则是统摄个体的实践世界与价值世界、个体的经验生存与精神存在之双重境域的核心枢纽。正是在本体之心（"本心"）或心之本体（"心体"）的主导之下，日常生活中通过视听言动、喜怒哀

————————

① 《象山文集序》，《全集》卷七，第273页。

乐等感性方式来表达其存在性的个体，才因意义与价值的充分注入而转化为意义与价值的主体，从而成为富有意义的存在者，并因此而实现其存在的真实性及其本原性意义。

这一作为共相而存在的世界，即是我们"被给定"的生存境域。这一现实的生存境域，既是阳明心学之整体建构的起点，也是其逻辑终点。起点在现实人生，终点还是现实人生，圣人境界只不过是人生之至境而已。成为圣人，或使平凡的日常生活转进于圣人之道的神圣境域，以实现与天下万物为一体的无上圆融之境，可谓阳明哲学之整体建构的终极目的。

综上所述，王阳明的心学哲学，在某种意义上可称之为宋代以来理学思想的集大成者，更是心学思想的总结者，它包含了对孔孟以来整个儒学思想发展过程的核心问题的重新反思、阐释与提炼。"集大成"的性质则决定了阳明心学体系具有极强的包容性和开放性。正因为如此，王阳明的思想在不同的学术视野下可以被多样化地解释。这也解释了阳明先生去世后，王学学派遍布各地，浙中王门、江右王门、北方王门、南中王门等等，包括今人特为主张的"黔中王门"，皆各自具有其独特的学术特征和思想面貌。正因为其开放性，王阳明的思想在今天仍然可以向我们展示出独特的现代性及其思想内涵与意义的当代性。

第三章 『四句教』及其义理的基本衡定

王阳明的"四句教"历来为学者所重视，也历来在学者中引起很大的误解与争议，甚至阳明后学所谓"功夫派"与"现成派"的分化（"功夫派"与"现成派"的名称，采自沈善洪、钱明所著《阳明学的演变和黄宗羲思想的来源》），在学理上也主要是由"四句教"的不同理解而引发的。我们在第一章简单提及"四句教"的背景，是阳明先生因征思恩、田州而离开绍兴之前夜，与其两位大弟子所作的阐述。某种意义上可谓阳明先生的末后之教。本章将根据阳明学说本身来对"四句教"的意蕴作出系统疏解，并对它与龙溪"四无"论之间的义界作出基本的衡定，以观其会通与圆融。

四句教的记载主要见于《传习录》下、钱德洪编《阳明先生年谱》及王畿《天泉证道记》。《传习录下》载：

> 丁亥年九月，先生起复征思、田，将命行。时德洪与汝中论学，汝中举先生教言曰："无善无恶是心之体，有善有恶是意之动，知善知恶是良知，为善去恶是格物。"德洪曰："此意如何？"汝中曰："此恐未是究竟话头。若说心体是无善无恶，意亦是无善无恶的意，知亦是无善无恶的知，物是无善无恶的物矣。若说意有善恶，毕竟心体还有善恶在。"德洪曰："心体是天命之性，原是无善无恶的，但人有习心，意念上见有善恶在。格致诚正修，此正是复那性体功夫。若原无善恶，功夫亦不消说矣。"是夕，侍坐天泉桥，各举请正。先生曰："我今将行，正要你们来讲破此意。二君之见，正好相资为用，不可各执一边。我这里接人，原有此二种：利根之人直从本源上悟入，人心本体，

原是明莹无滞的，原是个未发之中。利根之人一悟本体，即是功夫，人己内外一齐俱透了。其次不免有习心在，本体受蔽，故且教在意念上实落为善去恶，功夫熟后，渣滓去得尽时，本体亦明尽了。汝中之见，是我这里接利根人的，德洪之见，是我这里为其次立法的。二君相取为用，则中人上下皆可引入于道。若各执一边，眼前便有失人，便于道体各有未尽。"既而曰："已后与朋友讲学，切不可失了我的宗旨：无善无恶是心之体，有善有恶是意之动，知善知恶的是良知，为善去恶是格物。只依我这话头，随人指点，自没病痛，此原是彻上彻下功夫。利根之人，世亦难遇，本体功夫一悟尽透，此颜子、明道所不敢承当，岂可轻易望人！人有习心，不教他在良知上实用为善去恶功夫，只去悬空想个本体，一切事为俱不着实，不过养成一个虚寂。此个病痛不是小小，不可不早说破。"是日德洪、汝中俱有省。①

阳明征思恩、田州在嘉靖六年（1527），时五十六岁。《阳明先生年谱》于该年九月下亦载此事，辞虽有异而意无不同，为避繁冗，今不备录。

上引史事，即著名的"天泉证道"，而所证之"道"，即是阳明的四句教：

---

① 《传习录》下，《全集》卷三，第133—134页。

无善无恶心之体，有善有恶意之动。

知善知恶是良知，为善去恶是格物。①

按照王龙溪的见解，既然心是无善无恶的，于是意、知、物亦都无善无恶；若意有善恶，则心就不可能无善无恶。因此他认为四句教不是"究竟话头"。虽然阳明当时对钱、王二位的见解各有衡定，指出"汝中须用德洪功夫，德洪须透汝中本体"②，但是这两位及门高足似乎并未谛审阳明的苦心，功夫的实践与本体的参悟并未圆融贯通，这正是王学之分化的契机。龙溪似乎始终认为四句教非究竟义，在《天泉证道记》中对其"四无"义作了更为详细的发挥，而成为"现成派"的主要代表；钱德洪则强调"事上磨炼"的日用功夫，成为"功夫派"的主要代表。至于王学的末流之弊，学者亦多有归诸四句教者，如东林学派的顾宪成就曾认为"坏天下教法，自斯言始"③，黄宗羲则为之开脱，认为阳明的"所谓无善无恶者，无善念恶念耳，非谓性无善恶也"④。顾宪成的观点固为偏见，其实黄宗羲的调解

---

① 《传习录》下，《全集》卷三，第133页。

② 《阳明先生年谱三》，《全集》卷三五，第1442页。

③ 黄宗羲著、洪波校点：《东林学案·顾泾阳学案》，《明儒学案》卷五八，《黄宗羲全集》第八册，浙江古籍出版社2012年版，第1379页。下引该书仅注明篇名、页码。

④ 《东林学案·顾泾阳学案》，《明儒学案》卷五八，《黄宗羲全集》第八册，第1503页。

亦不得要领，反滋纷扰。刘宗周既认为阳明的良知说"最有功于后学"[1]，又深痛其"猖狂者参之以情识，而一是从良；超级者荡之以玄虚，而夷良于贼"[2]的流弊，亦曾对四句教提出诘难（容后述）。即使在当前的阳明学研究者当中，也流行着"王阳明的四句教言的后三句为《大学》格物致知之旨，而首句却近于佛老空无之说，这在理论上很难统一起来的"观点。

由此可见，关于四句教的争议是自古至今不息的一大公案，它在义理上又与阳明学说本身关涉甚为巨大，在王学的研究中是很难回避的。从字面上看，似乎四句教确有概念上的相互矛盾，难以统一，而龙溪的"四无"说更合乎逻辑。本书则认为，四句教是王阳明对其毕生学说的概括性总结，其语简约而其义深微，若贯通阳明学说的本旨，不仅四句教本身是内在统一的，而且它与龙溪的"四无"说也可以是互相统一的。

---

[1]《良知说》，《刘宗周全集》第三册，第285页。

[2]《证学杂解》，《刘宗周全集》第三册，第248页。

　　总的来看，四句教主要是关于道德的形而上学以及道德的
实践义理的阐明，王阳明自称四句教为"彻上彻下工夫"，即包
含这两方面的意蕴。四句教有其内在的逻辑秩序，在理论上是
自成系统的，它既有形而上学意义上本体的自我证明及其价值
之绝对性的断定，也有形下意义上自我德性实践的切实工夫。

　　我们首先确认"无善无恶心之体"是一个属于先验范畴的
本体论命题，该命题不可能以任何经验形式的价值判断来对它
作出描述或规范。就该命题而言，"心之体"是一个关键性概
念，而对其内涵的确切了解，则无疑是首要的。

　　在王阳明那里，心体就是性，是人自身存在的内在依据或
本质。《传习录》上说：

　　　　性是心之体，天是性之原，尽心即是尽性。①

————————

① 《传习录》上，《全集》卷一，第6页。

作为心之本体的性，其本原就是"天"，也即"理"或"道"。王阳明说：

> 心之体，性也。性即理也。[1]
>
> 盖四书五经不过说这心体，这心体即所谓道。心体明，即是道明，更无二。[2]

显然，王阳明对于心体的阐述不是单就某一方面立论，而是就心、性、道（理）三者之间的同一性来作出多层次界定的。综括起来看，就是心性不二、心理不二、性理不二。不二方为纯一。王阳明又以"良知"来标志这个纯一。他说：

> 心者，身之主也。而心之昭明灵觉，即所谓本然之良知也。[3]
>
> 良知是天理之昭明灵觉处，故良知即是天理。[4]

这样，心、性、理、知乃统为一物，无有内外，浑然一体。天道的"於穆不已"，即显示为人心的"纯亦不已"。因此王阳明

---

① 《传习录》上，《全集》卷一，第38页。

② 《传习录》上，《全集》卷一，第17页。

③ 《答顾东桥书》，《传习录》中，《全集》卷二，第53页。

④ 《答欧阳崇一》，《传习录》中，《全集》卷二，第81页。

说："天地间活泼泼地无非此理，便是吾良知的流行不息。"[①]在形而上学的意义上，心、性、理、知的不二，表征了宇宙现象的本体与人的存在本质的同一性。在先秦儒学中，天道是哲学的最高范畴，天道自身包含着性质相负的阴阳势能，其自身运动的必然性则导致了万物在现象层面上的无限展开，因而天道是万物之所以能获得其自身存在的本质依据，是现象的最后本质（本体）。如果按照这种"一阴一阳之谓道"的阴阳大化的先天命题而作合理推衍，那么人必然是属于现象整体的一个层面。先秦儒学虽然对人这一特殊层面的独特性及其自身特质给予深切关注，确立了人与天地参而为"三才"，以至人为"天地之心""天地之德"的观念，在《中庸》中更有尽心尽性以参赞"天地之化育"的系统阐述，充分高扬了人的主体意识，但是在本质上，人仍然属于自然。这就意味着人类自身的主体能动性无论在何种意义上都不可能超越于天道本身，而只能在充分扩展自我实性的过程中实现与天道的同一，以证悟宇宙之生生，而参赞天地之化育。显然，先秦儒学关于自我德性实践的最终归宿是性道合一。而在王阳明那里，心性、性理、心理的同一性，却开辟了一条更为精深绵邈的内在义路，从而使人类自身的主体性获得了更为丰富与充实的形而上学内容。当王阳明以心的本体来统摄天道（理）以至天下万物的时候（"天地万物一体之仁"），他实际上已把先秦儒学中人属于自然的命题整个

---

① 《传习录》下，《全集》卷三，第139页。

地翻转过来了，而成为自然属于人。这样，心体就不仅是人自身的存在本质，而且它就是天道本身，天道的必然性即转化为人的主体性，而吾心对于宇宙之生生的证悟，即转化为心的自我体证。因此，与其说是天道化生化育了宇宙万物，倒毋宁说是心体对宇宙实现了化育。

在哲学上，人属于自然与自然属于人都各有其内在的逻辑意义，但是这两者在价值上却并不是均等的。前者以外在的天道作为万物（包括人）的衡量尺度，而后者则以人本身作为衡量万物的尺度，主体意识无疑被绝对地升华了。在这种前提下，万物的自身存在虽然有其来源于天道的本质依据（因此非幻），但是其存在的价值与意义却只有在主体意识之中才获得充分的呈现。换言之，万物虽然可以脱离主体而获得存在，但是并不能脱离主体而获得意义，万物的存在价值是主体性的给予。

这样，人的主体性本质同时也是价值本体。先秦儒学既然把"元亨利贞"纯然至善的品性赋予天道，而强调心、性、道之同一的王阳明哲学，会以最终的理念价值归诸心本体，这在逻辑上乃是当然的。在经验世界的诸价值体系之中，所谓善恶的存在并不是终极的存在，它纯粹是相对的。薛侃在花间除草时与王阳明有一段对话，说道"此等善恶，皆由汝心好恶所生，故知是错""诚意只是循天理""知此，即知未发之'中'"①等，即充分体现了王阳明关于经验价值之相对性的观念。经验

---

① 《传习录》上，《全集》卷一，第33—34页。

事物的相对性，我们可以从两方面来理解。一方面，事物作为现象的存在依赖于本体（天道，也是心体）的化育而获得其自身本质，它不得不归化于天道的运动，因此现象存在的本身就是相对的；另一方面，经验中关于善恶的价值判断，其判断的结果是判断主体自身价值理念的一种显现形态，因此善恶并不存在于判断对象那里，而"只在汝心"①。但是，关于善恶的判断实际上又必不可能脱离判断对象，只有当吾心与对象相耦合的时候它才获得切实的展示，因此经验的善恶又必然"有相"而不可能"无相"，而且还必然依赖于其自身的负面价值才得以建立，这就是一切经验价值的相对性。显然，心体作为现象本体的自身存在是绝对的，作为主体自身的价值理念也同样是绝对的。就前者而言，它是对于一切现象的超越而独立自主；就后者而论，它是对于一切相对价值的超越而绝对无待。作为最高价值理念的心本体，只有当它超越于任何相对价值、不落于善恶一边的时候，才可能如明镜之悬，鉴察一切善恶美丑，才可能如规矩，虽然规无圆而矩无方，但是方圆自不能遁其形。王阳明说：

> 良知常觉常照。常觉常照，则如明镜之悬，而物之来者，自不能遁其妍媸矣。②

①《传习录》上，《全集》卷一，第34页。
②《答欧阳崇一》，《传习录》中，《全集》卷二，第84页。

> 夫良知之于节目时变，犹规矩尺度之于方圆长短也。节目时变之不可预定，犹方圆长短之不可胜穷也。故规矩诚立，则不可欺以方圆，而天下之方圆不可胜用矣。尺度诚陈，则不可欺以长短，而天下之长短不可胜用矣。良知诚致，则不可欺以节目时变，而天下之节目时变不可胜应矣。①

毫无疑问，这种超越于经验世界一切相对价值之上而又照鉴一切是非善恶的良知本体（亦即心体或性体），它本身是不可能作为经验世界中一般价值判断的对象的，因此也就不可能以"善恶"之类的相对的价值范畴来对它作出规范。就其本身的价值而言，它纯粹是一种常觉常照的理念，是无所谓"善恶"的。因此王阳明说：

> 无善无恶者理之静，有善有恶者气之动。不动于气，即无善无恶，是谓至善。②

无善无恶（或说超越于善恶）的心之体，由于它是一切相对价值的照鉴者，因而就其自身价值的绝对性而言，它又是"至善"。确切地说，由于王阳明把存在的本体翻转为价值本体，因

---

① 《答顾东桥书》，《传习录》中，《全集》卷二，第56页。
② 《传习录》上，《全集》卷一，第33页。

而心体本身便成为存在于主体自我之深层的某种最高的价值理念，即善本身。

依照善理念本身的朗现便是善，而"动于气"则是恶，所以王阳明说："循理便是善，动气便是恶。"①值得注意的是，"动于气"与"气之动"，在王阳明那里是完全不同的两回事，不可混淆。所谓"动于气"，是心为物役，心体受蔽则失其鉴察，因此"动于气"无论是落于善边抑或是落于恶边，在绝对的意义上都是"恶"。但是"气"则不能不动，心体也不能不对"气之动"作出反应，现实的善恶因此就不可避免。现实的善恶问题，恰恰是四句教中的第二句所蕴含的主题。

---

① 《传习录》上，《全集》卷一，第34页。

这一句牵涉到的概念关系最为复杂。只有对心、意、身、物诸概念关系有深刻的了解，才可能对这一命题的内容有切实的把握。《传习录》载：

> 耳目口鼻四肢，身也，非心安能视听言动？心欲视听言动，无耳目口鼻四肢亦不能。故无心则无身，无身则无心。但指其充塞处言之谓之身，指其主宰处言之谓之心，指心之发动处谓之意，指意之灵明处谓之知，指意之涉着处谓之物。只是一件。①

在这里，王阳明阐明了身、心、意、知、物之间的关系。就最紧要的心与意的关系而言，心是意的本体，意是心的发动（用）。按照王阳明"体用一源"的原理，既然心体为无善无

---

① 《传习录》下，《全集》卷三，第103页。

恶,那么心体的发用亦应无善无恶,因此当王龙溪由"无善无恶心之体"推导出"意亦是无善无恶的意"的时候,王阳明也曾予以首肯。但是实际上,王龙溪只是注意到了意与形上的心体的关联,而根本忽视了意与形下的身以至外在的物之间的关联,这既是他的灵慧之处,也是他的疏阔之处。而且即使就概念本身而言,心体之所发与心体本身毕竟不是一回事,因为心体本身无起无不起,更无分于动静,而心体之所发则恰恰是落于动之一边的。既然如此,那么王龙溪的"意亦是无善无恶的意"就不能不有未尽谛当之处。至于王阳明对他的首肯,应是肯定他对于心、意间形上关联的颖悟,因为如果实现了"止于至善"的"诚意"境界,那么心、意之间同时也就实现了圆融如一,一循天理,也可以说是"无善无恶"。

显然,"有善有恶意之动"这一命题的关键,乃在于意概念本身的内涵。如上所述,如果仅仅注意到了"意为心之所动"这一表述之内在的形上关联,那这一本体论陈述就有可能使现实的人陷于虚寂,使心本体丧失其对于现实的道德实践的主导意义。实际上,就人在经验世界中的现实处境而言,心体本身还无可避免地要受到身(耳目之官)以至外物的逆向限定。王阳明说:"人之本体,常常是寂然不动的,常常是感而遂通的,未应不是先,已应不是后。"①"寂然不动"者,"定"之谓也,它是心体作为超验存在的常态;"感而遂通"者,"动"之谓一

---

① 《传习录》下,《全集》卷三,第139页。

也，它是心体发为意念以主导外部行为的常态。但是"感"的本身恰恰是意味着经验事物通过眼耳鼻舌身诸官能对心体的反作用以及心体对于这种反作用的反应；也就是说，心体与外物之间的交互作用还横亘着自我躯壳实体的阻隔。这样，心体本身就有可能受到物（也指躯体官能）的障蔽而失去其自身的完满显现。正如孟子所说：

> 耳目之官不思而蔽于物，物交物，则引之而已矣。心之官则思，思则得之，不思则不得也。[1]

耳目之官不思，只能是物，此物又常常蔽于外物而导致心体的昏蔽；既然如此，那么心体的发动（意）会产生"恶"（即"动于气"），也就无须更费证明。另一方面，心体当然也可能不受外物的昏蔽，这样的意，便是心体自身的朗现，也就是"善"。因此王阳明说：

> 性之本体，原是无善无恶的，发用上原也是可以为善可以为不善的，其流弊也原是一定善一定恶的。[2]

如此，心体由于自我躯体的阻隔而受到物的逆向限定，并且在

---

① 《孟子·告子上》，《孟子正义》卷二十三，第792页。

② 《传习录》下，《全集》卷三，第130—131页。

"发用上可以为善可以为不善",这是否像王龙溪所说的那样反过来证明了心体本身也不是无善无恶呢?这个在表面上似乎合乎逻辑的逆推理实际上是不能成立的。其主要理由有二端。

其一,就概念本身来说,心体之所发与心体本身并不是完全等同的,而且有善有恶的意念发动虽然在形式上仍然是心体的自身呈现,但是在内容上却涉入了外物以及非自我本质(躯体)的逆向限定,这样,意的有善有恶就显然不能简单地反向归结为心体的有善有恶。

其二,就心体自身而言,虽然它可能陷入于物的昏蔽,但是这并不意味着其自身的消亡。"心之本体,无起无不起,虽妄念之发,而良知未尝不在。……虽昏塞之极,而良知未尝不明。"①因此,心体之发动的有善有恶,仅仅是属于心体的动,而不是心体自身。心体之存在的绝对性并不因其自身的动而消亡,而是依然能够对其自身之动的结果,也即是意的有善有恶作出最终判定。换言之,意的有善有恶不仅丝毫无损于心体自身价值的绝对性,而且所谓意之动的善恶,恰恰是心体自身的判断结果;如果离开了心体,意动的"善恶"也就不可知。

如上所述,"有善有恶意之动"这一命题,实际上蕴含着个体在经验世界中意动之合理定位的深刻反思。从理论上说,意动之善,是心体顺其自身的纯粹显现,而意动之恶,则是心体牵滞于物以及自我非本质因素的变相显现。因此,属于前者的

---

① 《答陆原静书》,《传习录》中,《全集》卷二,第69页。

意动是合理的，而属于后者的意动则是不合理的。也就是说，个体在经验现实之中存在着一个意动之合理性的定位问题。按照王阳明的阐述，合理性的本质乃被归结为是否能够促成最内在的自我实性（须从心、性、理、知的同一性上来理解）的实现，因此这也是意动的终极定位。在主体自身，这种意动的终极定位就是关于内外行为之合理性的主导意识。内行为的合理性，即表现为意念的不断纯化（"诚意"）而"止于至善"；外行为的合理性，则在于通过"格物"的努力而"止于至善"。但是，由于意和两方面的"物"（躯体与外物）相关联，而且某种外部行为的完成实际上是某种内在之意的实现，因此"诚意"又必然落实在"格物"上面。这样，仅仅有内在之意动的合理定位就仍然不够，还必须有先验理性关于现实之善恶的终极判定以及为善去恶的实践工夫。

良知是王阳明哲学中的最高范畴。由于心、性、理（道）、知的本质同一性，因而在不同的概念关系之中，良知也获得不同的内涵，这点在上文已作过一般的说明。从四句教的内在逻辑来说，"无善无恶心之体"一句实际上已包含了"知善知恶是良知"的意蕴，因为当心本体（亦即良知）被翻转为价值本体的同时，良知就已经获得了施行是非善恶之终极判定的资格。然而王阳明之所以再次揭示"知善知恶是良知"，一方面固然是由于他重视良知而予以特殊强调，而更为重要的则是，这一命题所阐明的重点不在于良知（心本体）之作为价值本体，而在于良知之作为先验理性。

就该命题而言，"知善知恶"的"知"与"良知"的"知"，其内涵是不同的。"知善知恶"属于个体之经验的知识能力，而关于善恶的知识，实际上则是某种价值的判断能力；而良知的"知"，是不缘于经验而有的，是某种"德性之知"，就其存在的绝对性而言，可说是本有。因此，良知的存在属于绝对的先天范畴，它与个体的经验处境没有关系，但是，任何关于经验的知识都不可能超越于良知的流行发用之外。良知实际上是先验的知识本体，是某种纯粹理性，而经验的知识能力不过是该本体自身之用的展现。

根据上文的讨论，我们已经明了意动之所以有善有恶的根本理由。正由于意动本身是有善有恶的，因此意不可能对其自身之动的善恶与否作出最后判定，而只有"无知无不知"的本体自身才可能有这种判断能力。王阳明说：

> 无知无不知，本体原是如此。譬如日，未尝有心照物，而自无物不照。无照无不照，原是日的本体。良知本无知，今却要有知；本无不知，今却疑有不知。只是信不及耳。[①]

显然，所谓良知的"无知"，是就其自身作为知识本体的绝对性而言的，因为认知关系只有在某种相对情境之中才可能构成，在这种相对关系构成之前，本体自身绝对无待，是无所谓"知"的，但是却蕴含着"遍知"的可能性。所谓良知的"无不知"，正是关于这种"遍知"之可能性的说明。因此，意动一经完成，善恶便即显现，而良知与意动之间也即形成了判断与被判断的关系，意动的是非善恶便受到良知之先验理性的最后裁决。所以王阳明说：

---

① 《传习录》下，《全集》卷三，第124页。

尔那一点良知，是尔自家底准则。尔意念著处，他是便知是，非便知非，更瞒他一些不得。^①

凡意念之发，吾心之良知无有不自知者。其善欤，惟吾心之良知自知之；其不善欤，亦惟吾心之良知自知之。^②

按照上述理解，"知善知恶是良知"乃是"有善有恶意之动"之内在的逻辑延展，即使在理论上也没有过于费解之处，而且必有良知之知善知恶才可能有现实的为善去恶。但是值得注意的是，在对于四句教的诸多批评之中，刘宗周的批评不仅显得颇有分量，而且恰恰是以"知善知恶是良知"作为其批评的切入点的。刘宗周说：

（四句教）益增割裂矣，即所云良知亦非究竟义也。知善知恶与知爱知敬，相似而实不同。知爱知敬，知在爱敬之中；知善知恶，知在善恶之外。知在爱敬中，更无不爱不敬者以参之，是以谓之良知；知在善恶外，第取分别见，谓之良知所发则可，而已落第二义矣。且所谓知善知恶，盖从有善有恶而言者也。因有善有恶，而后知善知恶，是知为意奴也，良在何处？又反无善无恶而言者也，本无善

---

① 《传习录》下，《全集》卷三，第105页。
② 《大学问》，《全集》卷二六，第1070页。

— 139 —

无恶，而又知善知恶，是知为心祟也，良在何处？①

在这里，刘宗周的论旨是"良知非究竟义"。他主要是从两方面来立论的：

其一，知善知恶之"知"与知爱知敬之"知""相似而实不同"。知爱知敬，知在爱敬之中，可谓之"良知"；而知善知恶，知在善恶之外，最多只可谓之"良知之所发"，因此不可说"知善知恶是良知"。其实，王阳明的"知善知恶"是从本体自身的先验理性判断来立论的，而"爱敬"不过是意动之"善"边，而所谓"善"，恰恰是先验理性施行判断的结果。如果说"爱敬"才是"良知"，才是"究竟义"，那恰恰是降低了良知作为先验理性的绝对地位。

其二，"知善知恶"在有善有恶之后，是"知"为"意奴"；心体"无善无恶"而又"知善知恶"，是知为"心祟"，因此"良知"不良。在这里，刘宗周根本忽视了良知本身的主导性意义，而把"知善知恶"之"知"仅仅理解为一般常识上的"知道"。实际上，知善知恶绝不是被动的"知道"，而是先验理性判断。如果离开了这种"知"，所谓意动的"有善有恶"就根本不可知，因此知绝不是"意奴"。另一方面，"无善无恶"是就心本体而言的，"知善知恶"则是相对于意之动的"有善有恶"而言的，概念关系并不同一，更不能说知善知恶是

---

① 《良知说》，《刘宗周全集》第三册，第286页。

"心崇"。

刘宗周在《学言下》中也对"有善有恶意之动"提出了批评：

> 今云"有善有恶意之动"，善恶杂揉，向何处讨归宿？抑岂《大学》知本之谓乎？如谓诚意即诚其有善有恶之意，诚其有善固可断然为君子，诚其有恶岂不断然为小人？吾不意良知既致之后，只落得做半个小人！①

刘宗周对于王阳明的误解，在这里是显而易见的，甚至其反驳的理由几近于荒谬。因为有善有恶是指意动之两歧，其最终的归宿处恰在于无善无恶（是谓至善）的心本体，而不在于意本身。尤为重要的是，意动的有善有恶，绝不是本有，而仅仅是心体在不同条件下的呈现，因此"诚意"就不可能是"诚其有善有恶之意"，而只能是纯化意念（即自我非本质因素的排除或否定）以归于纯善（心体或性体）。然而，刘宗周对于四句教的误解，在某种程度上是由于"意"概念的不同界定所引起的。刘宗周曾不无痛心地指出："自心学不明，学者往往以想为思，因以念为意。"②并解释道："因感而动，念也；动之微而有主者，意也，心官之真宅也。"③就意、念之间作出严格区分，是

---

① 《学言下》，《刘宗周全集》第三册，第400—401页。
②③ 《原心》，《刘宗周全集》第三册，第251页。

刘宗周学术的主要特色之一，黄宗羲在《子刘子行状》中略述宗周的特出贡献，其一即为"意为心之所存，非所发"，可见阳明与刘宗周对于"意"概念的界定差距甚大。正由于存在着这种差异，刘宗周对阳明的四句教才会有如下的批评：

> 只因阳明将意字认坏，故不得不进而求良于知；仍将知字认粗，又不得不退而求精于心。种种矛盾，固已不待龙溪驳正，而知其非《大学》之本旨矣。[1]

诚然，王阳明并没有在意、念之间作出严格区分，而且常常"意念"连言，在很大程度上是"以念为意"的。但是，这也反过来说明了刘宗周对于王阳明的批评并没有注意到概念的同一性，因而其批评也很难切中肯綮。如果立足于四句教本身的义理，我们似乎也可以说刘宗周将"诚"字认"坏"而将"意"字认"粗"。如此，刘宗周之不足以病垢阳明也明矣。

---

① 《良知说》，《刘宗周全集》第三册，第286页。

心为身之主宰。先验理性对于意动之善恶的最终判定的结果，当它存在于主体自身的心本体的时候，它是某种价值理念，只有随着心本体对于自我外部行为的定向化导，这种价值理念才可能被实现出来。因此，"为善去恶是格物"这一命题，在四句教的逻辑结构中是不可缺少的一环，它阐明了先验理性转化为实践理性的现实途径，同时也开辟了自我的自性实相之复归的经验道路。

按照王阳明的阐述，心、意、身、物之间存在着复杂的相互制衡关系，心为身之主宰，意为心之所发，物为意之所在，身与物又对心与意构成某种非本质的逆向限定。这样，在形式上显示为心之所发的意，就必然与身及外物相互联结，因而"诚意"就必然落实于"格物"，物格意诚即良知致，也即自性真实的复归。王阳明说：

意未有悬空的，必著事物。故欲诚意，则随意所在某

事而格之，去其人欲而归于天理，则良知之在此事者无蔽
而得致矣。此便是诚意的功夫。①

　　物者，事也。凡意之所发，必有其事，意所在之事谓
之物。格者，正也，正其不正以归于正之谓也。正其不正
者，去恶之谓也；归于正者，为善之谓也。夫是之谓格。②

很明显，这里的关键问题在于"物"的内涵。它不是指常识中
那种外在于主体意识的事物存在，而恰恰是在意识主导之下的
主体行为，是身以及外物（行为对象）两方面的相互统合。这
种独特含义的"物"，在王阳明哲学中实际上是意念的内容
（"意之所在"）。这样，"格物"就是主体对于自我意念之内
容的纯化。但是值得注意的是，所谓意念的纯化（诚意）以及
意念之内容的纯化（格物），并不是某种纯粹的主体精神活动，
而必然同时也是一种现实的德性实践功夫。其主要理由是：

　　其一，就意念的形式而言，它是心体之所发，心、意之间
因此而构成某种内在的互动关系。意动的善恶必须经过心体自
身（亦即良知本体）的先验理性判断，由于心是身的主宰，因
此这种判断的结果就必然体现为对于自我外部行为的定向化导。

　　其二，从意念的内容来看，它就是独特含义的"物"，是介
入主体行为的一件件的"事"。因此无论是意动之善抑或是恶，

①《传习录》下，《全集》卷三，第103页。
②《大学问》，《全集》卷二六，第1071页。

只要此意"在物",就必有个体之外在行为的展现,因而意不可能沦于悬空虚寂。

　　其三,就良知(心体)、意念以及物(身)三方面的关系来考察,如果个体的外部行为(身,包括作为行为对象的物)能够确切地遵循心体(良知)为善去恶的定向化导,那么意念的内容就获得了根本的纯化,同时,身、物对于心体的逆向限定也便不存在恶的牵滞而使心之所发的意念本身获得纯化。换言之,"格物"的最终实现,也就是"诚意"与"致良知"的实现,是因为身、心、意、知、物之间,此时已不存在任何非本质因素的阻隔,而是内外尽透、纯粹圆融的。因此,"格物"这种个体之现实的道德实践方式,乃是促成自我最终本质之复归的必由之路,它的形式是经验的,而它的意义却是形而上的。

　　正由于有上述三方面的互动关系,所以王阳明说:

　　　　至善也者,心之本体也。动而后有不善,而本体之知,未尝不知也。意者,其动也;物者,其事也。致其本体之知,而动无不善。然非就其事而格之,则亦无以致其知。故致知者,诚意之本也;格物者,致知之实也。物格则知致,意诚而有以复其本体,是之谓止至善。①

　　上述表明,"为善去恶是格物"这一命题是王阳明四句教内

----

①《大学古本序》,《全集》卷七,第271页。

在逻辑结构中的应有内容，而且只有介入该命题所包含的意义，四句教作为一种学术体系的概括才可能是完善的。这一命题不仅表明了纯粹理性如何通过自身而转化为实践理性，而且表明了个体之最终本质的实现乃是必然由其自我行为来承担的。现实的德性实践，其意义不仅仅是强化个体的道德修养或是促成人格的自我完成，而且是导向自我心性本体（亦即天道本体）的最终证悟、实现"天地万物一体之仁"的至圣境界的内在理路。

综上所述，四句教以致良知为最终目的，又以现实的道德实践作为通往形上本体的经验门径，阐明了个体的现实存在及其本质存在之间的相互关系。由于经验中个体存在的意义既是属于经验世界的，又是属于超验的本体世界的，而这两者之关键的联结点恰在于个体自身之现实的意动与行为，因此道德实践不仅是个体对于现实社会的当然责任，而且是来源于自我本质深处的当然要求。从内在的逻辑结构来说，四句教是完整的、自成体系的，它较为深刻而全面地涵盖了阳明哲学的主要观点，并不存在学理上的矛盾与抵牾。阳明自称四句教为"中人上下无不接着"的"彻上彻下功夫"，良有以也。

然而，四句教与王龙溪"四无"说的关系究竟如何呢？它们在理论上能否相互会通？下文将就此问题再赘数语。

第六节　「四无」与「四句
教」之会通的基
本衡定

黄宗羲在《明儒学案·浙中王门学案二》中曾概括龙溪学术的基本要点：

> 《天泉证道纪》谓师门教法每提四句："无善无恶心之体，有善有恶意之动，知善知恶是良知，为善去恶是格物。"绪山（钱德洪）以为定本，不可移易，先生（龙溪）谓之权法。体用显微只是一机，心、意、知、物只是一事。若悟得心是无善无恶之心，则意、知、物俱是无善无恶。相与质之阳明，阳明曰："吾教法原有此两种：四无之说为上根人立教，四有之说为中根以下人立教。上根者，即本体便是功夫，顿悟之学也。中根以下者，须用为善去恶工夫以渐复其本体也。"自此印正，而先生之论大抵归于四无。以正心为先天之学，诚意为后天之学。从心上立根，无善无恶之心即是无善无恶之意，是先天统后天；从意上立根，不免有善恶两端之抉择，而心亦不能无杂，是后天

复先天。此先生论学大节目，传之海内，而学者不能无疑。以四有论之，惟善是心所固有，故意、知、物之善从中而发，恶从外而来。若心体既无善恶，则意、知、物之恶固妄也，善亦妄也。工夫既妄，安得谓之复还本体？斯言也，于阳明平日之言无所考见，独先生言之耳。①

综合来看，黄宗羲这段话表明了如下几点：

其一，王龙溪认为四句教是"权法"，即不是"究竟话头"。心若无善无恶，则意、知、物俱是无善无恶。

其二，龙溪论学归旨于"四无"，以正心为先天之学，诚意为后天之学；前者以先天统后天，后者以后天复先天。

其三，黄宗羲亦认为心无善恶而意有善恶于义不通，且认为四句教为龙溪之论而非阳明本旨。

上述第三点说明黄宗羲对于四句教的理解，尤其是心本体的"无善无恶"，同样也有未尽深入之处。至于说四句教的义理"于阳明平日之言无所考见"，更非事实。但这是黄宗羲的问题，与本书论旨并无大的关涉，故不赘述。

对于龙溪的"四无"说，在此提出如下几点讨论：

其一，"心若无善无恶，则意、知、物俱是无善无恶"，实际上是一个似真的命题。"心、意、知、物只是一事"，在王阳

---

① 黄宗羲著，夏瑰琦、洪波校点：《浙中王门学案二·郎中王龙溪先生畿》，《明儒学案》卷十二，《黄宗羲全集》第七册，浙江古籍出版社2012年版，第252页。下引该书仅注明篇名、页码。

明那里，正是需要主体自我通过切实的道德实践才能最终实现的"天地万物一体之仁"的化境，而不纯粹是概念本身的简单等同。但是，就四句教的本身义理来说，知（良知）是心体自身的先验理性，是意动之是非善恶的最终判断者，因此知无善无恶也可以说是四句教中的应有之义；而物为意之所在，是意的现实内容，它是否无善无恶非关宏旨，因此关键问题乃在于意是否无善无恶，或者说，从无善无恶的心是否可以直接推导出无善无恶的意的结论？实际上，前文在关于"有善有恶意之动"的讨论中已经分析了意与两方面的物（身及外物）相关联的必然性，而龙溪只注意到了意的形上内涵，既然如此，无善无恶的意就不可能是无善无恶之心的必然的逻辑结论。

其二，意为心之所发，而意动的有善有恶实际上是由人本身作为经验实体的现实处境所决定的。经验实体不可能脱离于经验世界而存在，因此在某种意义上说，心体牵滞于自身的表象（身物）而在显发上发生分化乃是不可避免的。但是这并不意味着意动必然落于恶边，因为意动的形成最终须依赖于心力的主导，它完全可以如心体自身的朗现，因此意动之善也同样是可能的。从意动的可能善（可能恶）到意动的必然善，其中正有许多层层转进的切实功夫。从理论上说，格物诚意等现实的德性实践，是以自我的本质力量来自觉地限定个体于经验世界之中的意动与行为，以实现非自我本质因素的自觉扬弃或否定。这种能动的否定一经完成，那么物对于心体的反规定便不存在任何非本质的牵滞，心体流行，动无不中，意就是心体自身的如实朗现。至此，意与心才实现了最后的圆融，意才可能是无善无恶（至善）的意。无善无恶，是无善恶对待之相，亦即对善恶之相对价值的超越。只有这种无相之无，才可能是蕴含了一切有相及其相对价值的绝对。所以王龙溪在《天泉证道纪》中更进一步说：

> 无心之心则藏密，无意之意则应圆，
>
> 无知之知则体寂，无物之物则用神。①

因此，在形而上学的意义上，龙溪的"四无"实际上并不与四句教相矛盾，而且恰恰是四句教在诚意基础上所必臻的化境，这也是阳明对其说予以首肯的根本理由。

其三，"四无"为"先天之学"，固然；但"诚意为后天之学"，却未必。理由很简单，因为诚意虽然属于经验活动，但其底蕴却在于形上的心本体，其意义是归属于先天的而不纯粹是后天的。换言之，作为经验活动的诚意，同时也是回复先天本体的功夫。因此，说诚意"以后天复先天"虽无妨碍，但是说"从心上立根，无善恶之心即是无善恶之意，是先天统后天"，却未尽谛当。理由也同样非常简单，因为无善恶之心是先验本体，而无善恶之意却必须经由意念内容的纯化过程才能实现，

---

① 王畿著、吴震点校：《天泉证道纪》，《王龙溪先生全集》卷一，浙江古籍出版社2023年版，第7页。

在自我的非本质因素被自觉地、能动地扬弃以前，这两者是不能被简单地画上等号的。如果没有切实的诚意功夫，那么"先天统后天"就不可能获得切实的贯彻，其结果只能是教人妄想本体而"养成一个虚寂"，最终失其"先天"。虽然王龙溪本人聪明慧悟，且"亲承阳明末命，其微言往往而在"①，"于文成之学固多所发明"②，但是由于他始终视四句教为"权法"，措辞也就不能不有疏阔未莹之处。如此一来，以龙溪为代表者之一的王门学派，在其后期的实践上会坠入"野狐禅"一路，岂不良有以也！

---

① ②《浙中王门学案二·郎中王龙溪先生畿》，《明儒学案》卷十二，《黄宗羲全集》第七册，第253页。

第四章 王阳明与朱熹之思想分歧：以《大学》为中心

所谓朱熹、王阳明思想之分歧，原非体现于其哲学的根本目的，而体现于其哲学方法或其哲学理论建构的逻辑行程，在实践意义上，则尤为清晰地体现于其终极价值境域之实现的不同途径与方法（所谓"工夫论"）。这一差异实质上也可视为汉学与宋学之争在当时的另一种呈现形式。

"理学"重视天道本体之内化为人道本质的哲学诠释，关注人的生存本质在经验生活世界中发生异化或颓变的可能性，从而强调通过经验的道德践履来保证天道、天理或人性的实在性在生活世界中的纯粹表达。在这一视域之下，生命过程被理解为一个向着其自身的存在本质，同时也是宇宙之终极实在境域的不断接近与回归的过程，并将这一过程视为个体超越其经验的生存状态而优入圣域的必由之途。

"心学"则不仅重视天道本体之内化为人道本质的哲学诠释，而且尤为强调心体本身之实在状态所固有的澄明与至善。由于心体具有将其自身的本质实在性表达于经验生存领域的必然性，因而对于心体之至善的澄明状态的内在认同与自觉切入，便不仅为主体性的真实内容，而且也为优入圣域的关键环节。心体之澄明的自觉顿达，即是对其经验生存之非本真状态的即时消解，也即是存在之终究实性的即时还原。

从学术史发展的角度看，自南宋以后直至阳明心学崛起之前，朱熹的思想始终占据思想界的主流地位，影响深远广泛。作为北宋思想的集大成者，朱熹的主要贡献有二：其一，为理学确定新的经典文本体系，即"四书"，并且重新拟定了"四书"之间的逻辑关联，创立了新的解经模式。其二，明确了一条成为圣人的道路，即对以《大学》"三纲八目"为核心的"知识体系"的建构。因此，当我们将朱熹与王阳明思想之比较的讨论置于宋学的视域下，会发现所有关于理学的探讨几乎都围绕"四书"展开。

朱、王在思想上的"同"，源自北宋五子，历经朱熹，延至陆九渊、王阳明，其治学之终极目标始终如一，矢志追求成为圣人。在此过程中，思想得以在传承中保持高度的连贯性和一致性。此外，就宋明理学的核心议题而言，朱熹与王阳明在学术焦点上展现出一致性，这一共同点为二者之间的交流与对话奠定了坚实的基础。

朱、王在思想上的"异"，则是鹅湖之辨的继续发展，并且最集中地体现在了对于《大学》文本的解读。

首先，二人在《大学》底本的选择上便有不同。朱熹汲取二程以来的观点，认为当时所见《大学》文本存在"经传"错简而先后失序，遂在二程的基础上重新整理出一个新本。程颢将结构定为"三纲—三纲释文—八目—八目释文"，程颐则将文本改为"三纲—八目—格致释文—三纲释文—诚正修齐治平释文"。朱熹的改本亦明确区分了经和传：经一章和传十章。经一章为孔子之言，曾子述之，同时可以析分为三纲领和八条目；传十章为曾子之意，门人记之，这是继承程颐改订《大学》的观点。同时，朱熹还补充了"格致传"，如此一来，《大学》体例方得完整，而"古者大学教人之法、圣经贤传之指，粲然复明于世"①。淳熙九年（1182），朱熹在浙东提举任上时，并将此版《大学》与《论语》《孟子》《中庸》合并为一集刻于婺州，遂有"四书"之名。元仁宗延祐元年（1314）重开科举时，规定科举考试科目从"四书"中出题，答案则以朱熹的注解为标准。从此，朱熹的《大学》改本被尊为官方教材，产生了深远的影响，而《大学》古本则渐渐被遗忘。

不同于程朱，王阳明则推崇《小戴礼记》中所存古本《大学》。王阳明认为其不存在"错简""脱漏"，而是首尾完具的。阳明曰："止为一篇，原无经、传之分。格致本于诚意，原无缺

---

① 《大学章句序》，《四书章句集注》，第 2 页。

传可补。"①自朱熹"补格致传"之后，"后之学者，附会于补传而不深考于经旨，牵制于文义而不体认于身心，是以往往失之支离而卒无所得，恐非执经而不考传之过也"②。亦即是说，朱熹对《大学》的重新厘定，反而是窜乱了圣人的本意，"诚意"之旨因此而晦暗不明，圣人之学亦因此而变得支离破碎，故谓"旧本析而圣人之意亡矣"③。

　　早在龙场时期，王阳明就曾深入思考《大学》一文，并对朱熹的《大学章句》提出不同见解。在赴江西之前，他向徐爱等人阐释了自己对《大学》本旨的理解，并在学者当中引起了强烈的思想震撼。然而，由于各种地方军政事务的纠缠，他未能将《大学》一文的"古本"刊刻出来。正德十二年至十三年（1517—1518），王阳明虽殚精竭虑于南赣战事，但实际上也从未停止其思想体系的完善性建设。作战的实际经验，似乎更加坚定了他以心为至善之本体的根本信念，也更加坚定了他关于朱熹"补格致传"并不合乎圣人之旨的观点。正德十三年七月，阳明刊刻《大学古本》，以之为指示门人的入道之要。阳明舍弃了朱熹对《大学》的经、传之分，删去了朱熹所添加的"补传"，不仅恢复了《大学》文本的旧貌，而且就原文添加了"旁

---

① 《阳明先生年谱一》，《全集》卷三三，第1383—1384页。
② 《答王天宇》，《全集》卷四，第183页。
③ 《大学古本序》，《全集》卷七，第271页。

释"，以引其本义，希望借此而"复见圣人之心"。①

重新刊刻《大学》"古本"，并不是因为王阳明对古籍整理发生了兴趣，而是其思想的自身建设愈趋完善的需要，亦是其全然不同于朱熹的"格物致知"学说发展完成的主要标志。正是因为文本的差异，与朱熹的"新本"强调以"格致"为圣学工夫的起点不同，王阳明坚持以"诚意"为基石来阐释《大学》之工夫。他审慎地指出了程朱定本在编纂过程中的三处主要疏漏：一是其阐释或许有失偏颇，二是可能存在虚化之嫌，三是或有妄加揣测之处。这些疏漏均使得其学说与至善之道渐行渐远。具体表现为：一是对"亲民"的诠释被更改为"新民"；二是对《大学》的章节次序进行了重新编排；三是添加了关于"格物"的补充解释。

在朱熹那里，"三纲"（明明德、新民、止于至善）具体展开为"八目"（格物、致知、诚意、正心、修身、齐家、治国、平天下），由"格物"而至"平天下"，即是由"下学"而"上达"的实践路径，即是由普通人而至于"圣人"的切实工夫。学不可以躐等，因此通往圣人境界的道路，就必须由"格物致知"开始。故"格物致知"乃为圣学之初阶，它在朱熹思想体系中的重要性是不言而喻的。在某种意义上甚至可以说，否定了朱熹的"格物致知"之说，实质上亦就解构了朱熹全部学说

---

① 《大学古本序》，《全集》卷七，第270—271页。亦见《大学古本原序》，《全集》卷三二，第1320页。

之工夫论的基础。

《大学》言，"致知在格物"，关于"格物致知"的意义，宋代以前的学者便已经展开过争论。郑玄曰："格，来也；物，犹事也。其知于善深则来善物，其知于恶深则来恶物，言事缘人所好来也。"①唐代李翱在《复性书》中说："物者，万物也；格者，来也，至也。物至之时，其心昭昭然明辨焉，而不应于物者，是致知也，是知之至也。"②郑玄的解释重于"心知"与"物来"的感应关系，类似于董仲舒所谓"美事召美类，恶事召恶类"的"同类相动"之说，所以说"言事缘人所好来也"。李翱的解释与郑玄差距甚大。他训"物"为"万物"，"格"为"来"，"格物"即是"物来"。"物至之时"，也即是面对万物之时；"致知"，则是心能明照所来之物但不被物所牵引，昭然明辨而不应于物，保持心体昭昭然的独立性，这是"招致"知识的方法，也就是使"知"来到（至）我这里的方法，是所谓"致知"。北宋程颐在表彰《大学》时，同样转换了关于"格物"的解释路向，而曰："格，至也，言穷至物理也。"③"格物"由此而转变为"尽物之理"之义，所以朱熹便直接将之表述为"即物而穷其理也"④。朱熹"格物致知"说的理论基础是"理一分殊"。"理"有"一本"，有"分殊"，天下万物的统体

---

① 《礼记正义》卷第六十，《十三经注疏》，第3631页。

② 李翱撰：《复性书》中，《李文公集》卷二，上海古籍出版社1993年版，第9页。

③ 《伊川杂录》，《遗书》卷第二十二上，《二程集》，第277页。

④ 《大学》，《四书章句集注》，第6页。

之理，是为"一本之理"；天下之物各有一理，是为"分殊之理"。"分殊之理"是"一本之理"的具体显现，"一本之理"则是"分殊之理"的全体共相。人的现实生存状况决定了我们不可能直接以"一本之理"为认知、识取的对象，而只能就"分殊之理"的不断还原而逐渐切入"一本之理"的洞达。因此在朱熹那里，所谓"格物致知"，实即是就经验上之事物而还原出其各自的"分殊之理"，故谓"即物而穷其理"。因为"人心之灵莫不有知，而天下之物莫不有理"[1]，知之所以有不尽，正因理有未穷，所以必须格物以穷理，穷理以致知，致知以诚意，诚意以尽性。如果坚持不懈地做这种"格物穷理"的工夫，今日格一物而穷一理，明日格一物而穷一理，"分殊之理"的不断实现，终究会导向"一本之理"的洞然大明，故谓若格物穷理之功达于极致，至乎其极，"而一旦豁然贯通焉，则众物之表里精粗无不到，而吾心之全体大用无不明矣。此谓物格，此谓知之至也"[2]。

阳明曾经也笃信朱熹的"格物致知"之说，并亲身数度加以实践，但均以失败告终。正是在他的亲身实践之中，他体会到朱熹"格物致知"说存在着一个严重问题：使"物理"与"吾心"分裂为两截。因为如果物之理的本原不在于心体本身，"物理"是外，"吾心"是内，那么即使"格"出了"物之理"，哪怕"穷尽"了"物之理"，却如何可能反过来"诚得自家的

---

[1][2]《大学》，《四书章句集注》，第7页。

意"？也就是说，在阳明看来，外物之理的还原，与主体意识本身的诚一，在朱熹的"格物致知"理论之中，这两者之间实际上是存在着明显的逻辑断裂的。他之所以说朱熹"支离"，正是因为按照他的观点，朱熹之说分心、物为二，将"物理"与"吾心"打为两截，从而缺乏一个将天下万物与吾心之本体相互贯通而联结为一个整体的"主脑"。

因此，按照阳明的理解，《大学》的根本要义，实仅在于"诚意"而已。实现"诚意"的根本途径在于"格物"，"诚意"所达到的极致在于"止于至善"，"止于至善"的根本方法在于"致知"。故"物者，事也，凡意之所发必有其事，意所在之事谓之物。格者，正也，正其不正以归于正之谓也"①。这样一来，"格物"即是"正事"，唯"正心""诚意""尽心"方可能"正事"，就是把事情做到大中至正。做到大中至正了，就叫做"止于至善"，"格物"的过程就是"止于至善"的过程，在现实性上，它与"诚意"也是完全保持过程性上的同一性的。而这也正是理解朱、王学说具有根本重要性的原始点之一。

王阳明认为，心之本体原是"至善"，原本具有"知"的先天本原能力；"意"是心之动，"意动"不仅必然与人的经验状态相关联，而且在经验活动中还通常与作为交往对象的事物现象相关联，故谓"身之主宰便是心，心之所发便是意，意之本体便是知，意之所在便是物。如意在于事亲，即事亲便是一物；

①《大学问》，《全集》卷二六，第1071页。

意在于事君，即事君便是一物；意在于仁民爱物，即仁民爱物便是一物；意在于视听言动，即视听言动便是一物"①。正因为"物"的存在状态是必然与"意"相关联的，因此，"物"实质上即是主体的意向性存在；"意"的状态亦是必然与"物"相关联的，所以"意之动"才有"正"有"不正"，并因此而产生善、不善的经验价值。所以"诚意"绝不是悬空的，而是需要在实践中脚踏实地去做的工夫。"诚意"即是使"意之动"的状态与作为意之本原的心本体的自身状态保持其全然的同一。"意动"有不正，则去其不正而归于正，如此，则作为"意向性"存在的事物状态，便必然是"正"的，即为"格物"。因此，"格物"是"致知"的实功，"物"既"格"则知致，知致则意诚，意诚则心正，心正则止于至善。圣人之能事，仅此而已。个人在经验生活中的格物，其目的归趋并不在于经验之知的获得，而在于至善之心体的自身开明。"是故不务于诚意而徒以格物者，谓之支；不事于格物而徒以诚意者，谓之虚；不本于致知而徒以格物诚意者，谓之妄。支与虚与妄，其于至善也，远矣！"②

阳明关于《大学》"格物致知"的整体观点，使我们进一步看到了他与朱熹之说的根本差异，即"至善"求诸己心还是求诸事物。朱子认为事事物物皆有定理，皆有其恰到好处，即为

---

① 《传习录》上，《全集》卷一，第6—7页。
② 《大学古本序》，《全集》卷七，第271页。亦见《大学古本原序》，《全集》卷三二，第1321页。

"至善"。照此观点，"至善"是存在于事物那里的，但王阳明则强调认为，"至善"不在事物对象那里，而是自家"明德"的纯粹显发，是"心之本体"的自我实现。但心体的纯粹显现总是在特定的"对象性交往关系情境"之中才是可能的，所以"至善"也"未尝离却事物"。在王阳明那里，"至善"不是事事物物固有的、不变的、"在那里"而等待人们去发现的某种东西，而是个体在"从事"，也即是与事物相交往的过程中，其自身心体完全开显而无一毫私心杂念的状态。心之本体的至善，尽管是一种先天的价值预设，但正是这一预设，在确立起了人的主体性的同时，又确保了人在经验中通过格物之功来实现知致意诚的根本可能；经验的德行，既是先天德性的表达，又是实现至善心体自身之充分开显的经验途径。正是通过这种德性的实践活动，人们才将其心之本体与他全部的现实世界联结为一个整体；诚意功夫至精至到，便是天下万物一体之仁在主体本身的充分实现。主体本身的世界，即是以本原实在之心体为运行轴心的全部生活世界，并且这一生活世界同时体现为其生存之意义与价值的世界。

这一观点正与阳明龙场所悟"圣人之道，吾性自足"相合。阳明取《五经》之说与之相互印证，愈加确信他自己的领悟是正确的，是不悖于圣人之教的。但与此同时，他又因为自己的观点终究不能与朱熹相合而常常感到不安，"恒疚于心"。因此在南京时期，他曾一边讲学，一边重新研读朱熹的著作。这一番重新研读使他得出了一个新的结论：流传最为广泛的《四书集注》《或问》之类的作品，其中所体现的都是朱熹中年以前的观点，是其"中年未定之说"，而不是他的"晚岁既悟之论"；而《朱子语类》之类的作品，其中又多掺杂了其门人的私意私见，不能完全视为朱熹本人的观点。因此阳明进一步认为，朱熹在其晚年的著作中，已经"大悟旧说之非，痛悔极艾，至以为自诳诳人之罪不可胜赎"①。在他看来，朱熹晚年"大悟"之后的观点，与他自己所坚持的以心体统摄全体宇宙的观点是根本不相矛盾的，所以他专门从朱熹的作品中辑出了"晚年定论"，编成《朱子晚年定论》一书，并于此时将它刊印出来。他为该书写了序，对当世学者执朱子"中年未定之说"而相互攻评的学界风气提出了批评：

> 世之学者局于见闻，不过持循讲习于此，其于（朱子）悟后之论，概乎其未有闻，则亦何怪乎予言之不信，而朱子之心无以自暴于中年未定之说，而不复知求其晚岁既悟之论，竞相呶呶，以乱正学，不自知其已入于异端。后世也乎？予既自幸其说之不缪于朱子，又喜朱子之先得我心之同然，且慨夫世之学者徒守朱子辑采录而袞集之，私以示夫同志，庶几无疑于吾说，而圣学之明可冀矣。②

---

①②《朱子晚年定论序》，《全集》卷七，第268页。

在当时的学术界，朱子的学说早已深入人心，几乎成为一种不可动摇的信仰。众多学者对其学说深信不疑，奉为圭臬。然而，当阳明的心体论横空出世时，犹如一颗重磅炸弹，在学术界掀起了轩然大波。人们乍闻此论，无不感到震惊与诧异，甚至有人视其为轻率与狂妄。于是，许多学者纷纷站在朱子的立场上，对阳明的心体论进行了猛烈的抨击，试图维护朱子学说的权威地位。然而，这场争论并未因此平息，反而愈演愈烈。由此大抵可知，阳明之所以辑《朱子晚年定论》，其基本目的并不是为了传播朱子的观点，而是为了传播他自己的新思想，使借朱子之说以攻击者无所措其口，从而为其心学的进一步传播扫清思想障碍。

因此，对"格物致知"的不同阐释，究实而论，在朱熹那里，因为圣人无所不知，所以必以"知"的实现为成为圣人的起始手段，最终以心领神会的"豁然贯通"达成知识境界之量与质的双重转进；而在王阳明那里，一方面，知识本身并不构成圣人的必要条件，更不是充分条件，因此他从根本上否认知识的积累是进入圣人之道的可靠途径。另一方面，"穷至事物之理"至于"极处无不到"，"推极吾之知识"至于"所知无不尽"，这绝不是"初学者"之所能，而只能是圣人"生知安行"之事。而要让一个初入圣人之门的人，一个初学者，便去恰当地做得圣人工夫，如何可能？所以阳明一再说朱子"格物"之说是错会圣人之意，"要初学便去做生知安行事，如何做得？"①领会此意，大抵便可知阳明与朱子"格物"说之所以差异的关捩所在。但绝不能因此而认为王阳明反对知识。只是在他看来，圣人无所不知，只是知己之心体，知其心体之无知无不知、无照无不照，心体明即是知识明，故必以心体之开明为优入圣域的根本途径。而这样一来，朱熹所开显的以"格物致知"为初阶要件的成为圣人的知识道路，遂全然为王阳明所超离。他直面成为圣人这一问题本身，将"格物致知"问题转换为个体如何在现实性上真实呈现其真己之实相，进而实现其存在与价值同一的生存论问题了。

而将这一功夫论从个人修身延展到治国平天下的层面，也揭示出二人在理解"亲民"与"新民"上的分歧。徐爱曾向王阳明求教《大学》首章"大学之道，在明明德，在亲民，在止于至善"的争议问题。自程颐以传文中所引《盘铭》《康诰》《诗经》皆言"新"，又有"作新民"之明文，于是认为"在亲民"的"亲"是"新"字之讹，应当作"在新民"，朱熹《大学章句》从其说，他认为："新者，革其旧之谓也，言既自明其明德，又当推以及人，使之亦有以去其旧染之污也。"②在《大学或问》中，朱熹又进一步展开解释：

　　今吾既幸有以自明矣，则视彼众人之同得乎此而不能

①《传习录》上，《全集》卷一，第6页。
②《大学》，《四书章句集注》，第3页。

自明者，方且甘心迷惑没溺于卑汙苟贱之中而不自知也，岂不为之恻然而思有以救之哉！故必推吾之所自明者以及之，始于齐家，中于治国，而终及于平天下，使彼有是明德而不能自明者，亦皆有以自明，而去其旧染之汙焉，是则所谓新民者，而亦非有所付畀增益之也。然德之在己而当明，与其在民而当新者，则又皆非人力之所为，而吾之所以明而新之者，又非可以私意苟且而为也。①

朱熹认为闻道者必有先后之分，进而有先觉者启迪后觉者之必然。因此，"新民"立足于主体的视角，着重强调其对客体的影响。朱熹明确指出，存在一部分人需要外部力量的引导才能达成"明明德"。故朱熹虽然认同人人皆具明德之基础，但他亦间接地否定了人人皆能仅凭自我之力达成明明德之目标，因为总有人可能"没溺于卑污苟贱之中而不自知"，这是"道"所先天设定的差异，是客观存在且无法回避之事实。

王阳明则坚持"在亲民"不误。其一，"作新民"中的"作"意指个体的自我革新（自新之民），而"在新民"中的"新"若照此理解则不恰当。因为两者语境中的"新"含义不同，不能作为更改"亲民"为"新民"的依据。"作"字却与"亲"字相对，然非"亲"字义。其二，《大学》文本中关于

---

① 朱熹撰，朱杰人、严佐之、刘永翔主编：《大学或问》上，《新订朱子全书》（附外编），上海古籍出版社 2022 年版，第 506 页。下引该书简称《朱子全书》，注明页码。

"治国平天下"的论述，"君子贤其贤而亲其亲"，即是"亲亲"；"如保赤子"，即是"亲民"；"民之所好好之，民之所恶恶之"，与民同好恶，自是"亲民"，所以说"皆是'亲'字意"。可见"新民"概念在此文本中并非核心或连贯的主题。王阳明认为，"亲民"，便是孟子所说的"亲亲仁民"之谓，"亲之"即"仁之"也。所谓亲民，"之"指代"民"，"亲之"就是"亲民"。

故阳明《大学古本序》释"亲民"曰："以言乎己，谓之明德；以言乎人，谓之亲民；以言乎天地之间，则备矣。""明德""亲民""止于至善"是个体修身由内向外展开的全程，是不可中断的统一链条。《尧典》"克明峻德"就是《大学》的"明明德"之意，"以亲九族""平章百姓""协和万邦"，都是"明明德"的结果，也即是"亲民"的实效，用以表明是"亲民"而不是"新民"。"亲民"是"明德"的表征，是"明明德"的结果，如此才叫做有体有用，体用一源。若只有"明明德"，而不展开为"亲民"，则是有体无用，体用割裂。王阳明认为朱熹解为"新民"，谓"革其旧之谓"，尽管在义理上未必不可通，但截断了这一修身过程的统一性；道教、佛家则只有"上一截"而无"下一截"的学说，所以皆是偏。

可见"新民"与"亲民"理解的根本不同在于，以何者为"明明德"的主体。按照"在新民"的诠释，这意味着在深刻领悟并彰显自身内在的明德之后，我们应将这种认知推而广之，期望他人亦能明白并展现出自身的光明德行。而当我们转向

"在亲民"的视角，在王阳明的语境中，明德即良知。明德的觉知与体现，唯有每个人自我探索、自我实践，方能达到，他人无法代为完成。每个人应始终着力于个体本身的修养，自觉开显己之明德，个人才能从自然的人转变为哲学意义上的主体，成为一个有主本的人。"明明德"一旦达成，即会自然流露出"亲民"之行，因为它正是明德的完美展现。二者互为因果，一脉相承。这意味着亲民是每个个体实现自身明德的过程中自然而然发生的行动，而非外在强加于主体。

简言之，阳明之说以"诚意"为工夫原点，这一点确与朱熹以"格致"为先大相径庭。朱熹强调"物格——平天下"的总体条贯，认为"学不可躐等"，但王阳明本质上否定有这样一个为学之"等级"的存在，而采取工夫实践的综合性立场。所谓"格物"至于"平天下"云云，实质皆不过为心体实现其自身而在不同的对象化交往关系情境中所取得的不同名称而已。心体原是知行合一本体。特定境况中心体所发之"意"是否契合于心体自身之本然实在，唯心体自知之，合即是"诚意"，否则心体上自做工夫，必以"诚意"为归，是故"正心"与"诚意"唯一体。在现实性上，"心正"则"意诚"，"意诚"则"物格"，"物格"则"知致"，"知致"则"身修"乃至于"天下平"。

朱熹与王阳明对于《大学》的不同诠释，恰恰映照出他们在功夫论与本体论上的深刻分歧。追溯其源，二人之间的这种争论，实则早已在朱熹与陆九渊所参与的"鹅湖之会"中初露端倪。

淳熙二年（1175）由吕祖谦倡议而发起"鹅湖之会"，吕氏的本意在调和朱、陆之争，但结果却是朱、陆发生正面的思想交锋，"鹅湖之会"因此亦不欢而散。当时，这场盛会的核心议题之一就是对"为学之道，教人之法"的探讨。朱亨道对此有所总结："鹅湖之会，论及教人。元晦（朱熹）之意，欲令人泛观博览，而后归之约。二陆之意，欲先发明人之本心，而后使之博览。朱以陆之教人为太简，陆以朱之教人为支离，此颇不合。"①又言："先生更欲与元晦辩，以为尧舜之前何书可读？复斋止之。"又言："先发明之说，未可厚诬。元晦见二诗不平，

————————

① 《朱子年谱》卷二，《朱子全书》，第231页。

似不能无我。"①又言："鹅湖讲道切诚，当今盛事。伯恭盖虑陆与朱议论犹有异同，欲会归于一，而定其所适从，其意甚善。伯恭盖有志于此语，自得则未也。"②

所谓"二诗"，乃陆九龄与陆九渊先答之作，陆九龄谓：

> 孩提知爱长知钦，古圣相传只此心。
>
> 大抵有基方筑室，未闻无址忽成岑。
>
> 留情传注翻榛塞，着意精微转陆沉。
>
> 珍重友朋勤切琢，须知至乐在于今。③

陆九渊则曰：

> 墟墓兴哀宗庙钦，斯人千古不磨心。
>
> 涓流积至沧溟水，拳石崇成泰华岑。
>
> 易简工夫终久大，支离事业竟浮沉。
>
> 欲知自下升高处，真伪先须辨只今。④

可见，陆氏"心学"的基本论点，即立足于"心即理"的立场，倡导"发明本心"的观点。陆九渊认为，他所倡导的"为学之

---

① ② 陆九渊撰、叶航点校：《陆九渊年谱》，《陆九渊全集》卷三十六，上海古籍出版社2022年版，第608页。下引该书仅注明篇名、页码。

③《语录》上，《陆九渊全集》卷三十四，第530页。

④《鹅湖和教授兄韵》，《陆九渊全集》卷二十五，第375页。

道"是以确认先天心性，即"心即理"为前提的。必须先确立
"心"本体，以"心"为一切道德价值的根源，只要按照"发明
本心"的"易简工夫"，一任本心之自然，此心自能应物不穷：
"收拾精神，自作主宰。万物皆备于我，有何欠阙？当恻隐
时，自然恻隐；当羞恶时，自然羞恶；当宽裕温柔时，自然宽
裕温柔；当发强刚毅时，自然发强刚毅。"①所谓"先立乎其大
者，则其小者不能夺也"②。心明则万事万物的道理自然贯通，
不必多读书，也不必忙于考察外界事物，去此心之蔽，就可以
通晓事理。所以尊德性、养心神是最重要的，反对多做读书
穷理的工夫，因为读书并不是成为圣贤的必由之路。因此，
陆九渊批评朱熹的读书之法是"支离事业"，未触及心学之
根本。

朱熹则提出"格物致知"，格物以穷尽事物之理，致知就是
推致其知以至其极，所谓教人之法，应先致知而后存心，必先
格物穷理。他强调，"致知格物"其实是一体两面，相辅相成。
他主张在广泛涉猎、博览群书之后，再将这些知识归纳、提炼，
从而达到对事物之理的把握，穷得理多，方有贯通之处。从伏
羲以来，出现了很多圣人，到了孔子，才形成了教育后人的一
系列思想。而后世之人，都不是"生而知之"的圣人，那么，
就一定要"学而知之"，通过后天的学习而穷其理，致知力行以

---

① 《语录》下，《陆九渊全集》卷三十五，第563页。
② 《孟子·告子上》，《孟子正义》卷二十二，第792页。

终之，才能有所得。如果限于陆九渊的"易简工夫"，整天饱食静坐，无所事之，是不可能有所知、有所得的，这样的为学之道已陷入到佛家虚无的境界中去了。所谓的"先立乎其大"的原则忽视了平时的即物而穷其理的工夫，终会一无所得。因此，朱熹主张只有通过读书求道来尽心，读书的目的是为了求道，尽心一定要建立在读书求道的基础上。然而，陆九渊却以"尧舜之前何书可读？"的反问，巧妙地回应了朱熹的质疑。但是，陆九渊的这一论题没有展开辩论，被陆九龄制止了。双方你来我往，各抒己见，辩论激烈，持续了整整三天，但谁也无法说服对方，最终会议不欢而散。

此后，朱熹曾对自己的学术取向与陆氏之异进行过反思，在写给项平父的书信中，朱熹说：

> 大抵子思以来教人之法，惟以尊德性、道问学两事为用力之要。今子静（象山）所说，专是尊德性事，而熹平日所论，却是道问学上多了。所以为彼学者多持守可观，而看得义理全不仔细。……而熹自觉虽于义理不敢乱说，却于紧要为己为人上多不得力。今当反身用力去短集长，庶几不堕一边耳。①

陆九渊听闻后，则说："朱元晦欲去两短，合两长，然吾以

---

① 《朱子年谱》卷二，《朱子全书》，第271页。

为不可。既不知尊德性，焉有所谓道问学？"①《中庸》说："君
子尊德性而道问学，致广大而尽精微，极高明而道中庸。"②就
《中庸》本文而言，此三句实际上皆就体用说："尊德性"为
体，而"道问学"为用；"致广大"为体，而"尽精微"为用；
"极高明"为体，而"道中庸"为用。既"尊德性"，则须出之
以"道问学"；欲"致广大"，则须体现为"尽精微"；知"极
高明"，则须行之以"道中庸"。故"道问学"之所以为"尊德
性"，"尽精微"之所以为"致广大"，"道中庸"之所以为"极
高明"。体用相即，一源无间，既明体则须达用，而达用之所以
明体，如此方是体用兼备，不落一边。若以"尊德性"与"道
问学"为论，那么就的确很难如朱熹所说的那样，可以截然把
"尊德性"与"道问学"分作"两事"。若为"两事"，则体而
不显其用，实失其本体；用而不以明体，实失其用，如此则必
致体用割裂。但既有朱熹的自我勘定在前，所以此后学术界关
于朱、陆之异的辨析，大抵即以朱熹重"道问学"而陆九渊主
"尊德性"为论。

　　按照阳明的见解，陆九渊固然主于"尊德性"，但亦未尝不
教其徒读书，其平时汲汲乎所称述以教诲其弟子者，也惟"居
处恭，执事敬，与人忠""克己复礼""求放心"而已，无一非
孔孟之言，故陆九渊之"尊德性"，盖未至于"专"，而仍不废

---

① 《陆九渊年谱》，《陆九渊全集》卷三十六，第613页。

② 《中庸》，《四书章句集注》，第35页。

"道问学"工夫。换句话说，陆九渊之"尊德性"是明体，而明
体是见诸日用工夫的。朱熹固主于"道问学"，但朱熹同样亦论
"存心养性"，亦论天理之本然，"何尝不以尊德性为事"？故所
谓朱熹之"道问学"，亦未至于"专"，而仍不废"尊德性"。
换句话说，朱熹之"道问学"是达用，是强调以日用工夫而通
达于"尊德性"之本体的。因此之故，专以"尊德性"论象山，
实未足以尽陆九渊之学；专以"道问学"论朱熹，亦未足以尽
朱熹之学。有些人以为朱熹专讲"道问学"，所以流于支离，而
阳明则为之辩护，以为朱熹"恐学者之躐等，而或失之于妄作，
必先之以格致而无不明，然后有以实之于诚正而无所谬。世之
学者挂一漏万，求之愈繁而失之愈远，至有弊力终身，苦其难
而卒无所入，而遂议其支离。不知此乃后世学者之弊，而当时
晦庵之自为，则亦岂至是乎？"①因此他作出结论，谓："仆尝以
为晦庵之与象山（陆九渊），虽其所为学者若有不同，而要皆不
失为圣人之徒。"②

　　阳明关于朱、陆的这一基本衡定，实际上是表明这样一点，
即尽管朱、陆之学各有侧重，但所谓"尊德性"与"道问学"
的分别却未足以为其学术之所以相异的分界，而无论朱、陆，
皆为"圣人之徒"，其学亦皆为圣人之学。既然如此，那么虽自
朱熹以来天下皆称象山之学为禅，其实未必为禅；虽然"是朱

---

① 《答徐成之》，《全集》卷二一，第890页。
② 《答徐成之》，《全集》卷二一，第891页。

非陆"似乎论定已久，其实亦岂能即执为定论？实际上，朱熹在五十九岁时曾给陆九渊写信，言及往日所论，曰：

> 道理虽极精微，然初不在耳目见闻之外。是非黑白即在面前，此而不察，乃欲别求玄妙于意虑之表，亦已误矣。熹衰病日侵……所幸迩来日用工夫颇觉有力，无复向来支离之病，甚恨未得从容面论，未知异时相见，尚复有异同否耳！①

可见，晚年朱熹对于陆九渊的批评亦是有所反思的。

就思想的历史发展而言，阐明本心以为宇宙全体的运行核心，以心体的自觉开显作为优入圣域的根本途径，陆九渊显然走在阳明的历史前列。或正以此故，阳明不仅在思想上，而且在情感上也更多地倾向于对陆九渊的同情。正德十五年（1520）正月，他特为褒崇陆氏子孙，以为"宋儒陆象山先生兄弟，得孔孟之正传，为吾道之宗派，学术久晦，致使湮而未显，庙堂尚缺配享之典，子孙未沾褒崇之泽"②，乃牌行抚州金溪县，要求将陆氏嫡派子孙，依照各处圣贤子孙事例，俱优免其差役，其有聪明俊秀堪以入学者，皆具名送提学官，选送学校肄业。同样是在这一年，抚州太守李茂元刻《象山文集》，阳明为之

---

① 《朱子年谱》卷三，《朱子全书》，第296页。
② 《褒崇陆氏子孙》，《全集》卷十七，第660页。

序，力为表彰陆九渊之学，极辩世人以陆氏之学为禅之非，认为"圣人之学，心学也"。孟子力驳告子"义外"之说，而以"仁，人心也"一语提挈纲领，最得圣人心学宗旨。而"世儒之支离，外索于刑名器数之末，以求明其所谓物理者，而不知吾心即物理，初无假于外也"①。陆九渊之学，虽其纯粹和平若不逮于周、程诸子，然"简易直截，真有以接孟子之传"，"故吾尝断以陆氏之学，孟氏之学也"。②同年，时任湖广巡抚的右副都御史席书，以为陆九渊与朱熹同时讲学，然天下泛然尊崇朱说，而陆氏之学遂趋泯绝，于是作《鸣冤录》，竭力表彰陆氏之学。阳明于次年写信给席书，称赞其"卓然斯道之任，庶几乎天下非之而不顾，非独与世之附和雷同从人非笑者相去万万而已"③，同时再次表明了他对陆氏之学的态度："象山之学简易直截，孟子之后一人。其学问思辨、致知格物之说，虽亦未免沿袭之累，然其大本大原，断非余子所及也。"④阳明在正德十五、十六年间对陆九渊学术的明确表态，尽管清楚地表明了他对于陆氏学术的基本认同，但实质上仍然是关于其本人学术思想的一种自我肯定。圣人之学，绝无越于心之本体，故圣人之学即是心学。陆氏接孟子之传，以发明本心、先立其大者为要旨，乃圣学无疑，而阳明本人之学，以良知为心体，为人的本

---

① 《象山文集序》，《全集》卷七，第273页。

② 《象山文集序》，《全集》卷七，第273—274页。

③ 《与席元山》，《全集》卷五，第201页。

④ 《与席元山》，《全集》卷五，第201—202页。

原性真实存在，最得"千古圣圣相传一点滴骨血"，则其为圣学之嫡派，岂有可疑？就此而言，世以"陆王"并称，非为无据，但不能由此而认为阳明与陆氏在学术上没有差异。

尽管朱、陆二人的学术交锋已成为历史，但却因其所蕴含的重要学术意义而成为学术史上的公案，一直为学者们津津乐道。清代章学诚指出："宋儒有朱陆，千古不可合之同异，亦千古不可无之同异也。"①阳明弟子徐爱、黄直、陆澄、聂豹等都曾就"格致说""尊德性"与"道问学"之争请教过阳明。正德六年（1506）正月，阳明调任吏部验封清吏司主事，因此可以留在京师，继续他的讲学活动。这时的阳明，其思想正处于成熟发展的过程当中，讲学成了他生活中的主要事务，而有心向学的有志之士也日聚于门下。就当时思想界的实际情况而言，朱熹学说仍居于主导地位，而阳明重视心体之自我澄明的学说，在原理上则确与朱熹学说不能完全相合。或许正由于这一缘故，他的弟子中亦出现了关于朱、陆之辨问题的争论。《阳明先生年谱》记载"王舆庵读象山书，有契，徐成之与辩，不决"，遂请质诸阳明。阳明曰："是朱非陆，天下论定久矣，久则难变也。虽微成之之争，舆庵亦岂能遽行其说乎？"②这一回答并不能使徐成之满意，认为是"漫为含糊两解"之辞，而实则阴助王舆庵之说。阳明遂趁开导徐成之的机会，发表了他关于朱、陆学

①章学诚著、叶瑛校注：《朱陆》，《文史通义校注》卷三，中华书局1985年版，第262页。
②《阳明先生年谱一》，《全集》卷三三，第1358页。

术同异的基本观点，就朱、陆之说作出了一般衡定。当时王舆庵与徐成之之间的争论，王舆庵站在象山一边，徐成之站在朱熹一边，其争论的核心亦是就"尊德性"与"道问学"之孰是孰非而展开的。而阳明也在这次讨论中最终表明了他对于象山之学的态度：

> 今晦庵之学，天下之人童而习之，既已入人之深，有不容于论辩者，而独惟象山之学，则以其尝与晦庵之有言，而遂藩篱之。使若由、赐之殊科焉则可矣，而遂摈放废斥，若碔砆之与美玉，则岂不过甚矣乎？故仆尝欲冒天下之讥，以为象山一暴其说，虽以此得罪无恨。晦庵之学既已章明于天下，而象山犹蒙无实之诬，于今且四百年，莫有为之一洗者。使晦庵有知，将亦不能一日安享于庙庑之间矣。①

阳明的学术，原是培育于尊朱的学术氛围，其本人亦曾对朱说笃信不疑，只是在他的切身实践中，因切实体悟到了朱熹学说终究不能与心相契，才最终对朱学产生怀疑。因此无论在思想上还是在感情上，阳明对陆九渊之学实际上都更能产生共鸣。因此，《朱子晚年定论》之作以及后来重刊《象山全集》，均为阳明欲为陆九渊洗四百年"无实之诬"所作的实际努力。

---

① 《阳明先生年谱一》，《全集》卷三三，第1358—1360页。

阳明对陆学的基本态度是非常积极的，对其"大本大原"之得圣学嫡传也予以明确肯定，在虔州，陈九川尝问"陆子之学何如？"阳明曰："濂溪、明道之后，还是象山，只是粗些。"九川曰："看他论学，篇篇说出骨髓，句句似针膏肓，却不见他粗。"阳明曰："然他心上用过功夫，与揣摹依仿，求之文义自不同。但细看有粗处，用功久当见之。"[①]但同时也认为象山仍未脱"沿袭之累"，其学显得"粗"了。总体上看，象山之论心理合一，实承接朱子"性即理"说而破之，故虽立"心即理"以为宗旨，但除以"顿悟"心原为根本以外，未及充分展开由经验而上达于天德以实现出"心即理"的实践系统。正是这一工夫论系统的相对缺乏，故陆九渊之论"理气"、论"格物致知"，在阳明看来便也未免于义理夹杂之嫌。而在阳明的体系中，他有一个以"知行合一"为核心而展开的强大的"致良知"的实践系统，从而真正开拓出了把圣人信仰转换为生活实践的现实道路。因知、行在本原上的同一，则有本体与工夫的同一、先天与后天的同一、存在与价值的同一，真所谓"体用一源，显微无间"，身—心—意—知—物的全部世界，遂体现为良知本体之自我发越的现实的生活世界，"心即理"的立言宗旨也因此而获得了彻上彻下的普遍落实。阳明尝谓"君子之学，岂有心于同异？惟其是而已。吾于象山之学有同者，非是苟同；其异者，自不掩其为异也。吾于晦庵之论有异者，非是求异；其同

者，自不害其为同也。"①可见，阳明论学惟真理之是求，惟门户之是破。

　　由朱、陆思想的根本分歧，开辟出理学与心学两大学派。首先是对"心"与"理"的关系认识不同，陆九渊提出，"宇宙便是吾心，吾心即是宇宙"①，又言"人皆有是心，心皆具是理，心即理也"②。就人而言，人同此"心"，心同此"理"。"心即理"是指心就是宇宙的本体，主体的心与本体的理是一体的，不可分割，"理"的普遍必然性必须通过对人"心"来证明，人心之理是宇宙之理最完满的体现。而朱熹认为，心与理可以贯通，但不是一回事。理虽具于心，还得教使知；况且人多是气质偏了，又为物欲所蔽，故昏而不能尽知。是故，应多读书格物。"心"与"理"既有密切联系，又有区别，"理"是宇宙万物的本体，但"心"不是本体，因为有"人心"与"天心"之分。"人心"只是认识的主体而已，能够认识与反映

---

① 《杂说》，《陆九渊全集》卷二十二，第339页，

② 《与李宰》，《陆九渊全集》卷十一，第186页，

"理"，但不是与"理"等同的宇宙本体。在朱熹看来，陆九渊的观点还忽视了"气"的地位。"心学"只承认有一个心的世界，而不重视"形而上"与"形而下"的分别，不讲"体"与"用"的区别，其错误在于没有对"理"与"气"进行区别。"理"是最为根本的形而上者，"气"则是与"理"得以运动生成的必要质料，是形而下者。"理"与"气"相合而有人之"心"。陆九渊虽然讲"心"与"理"一，但不讲"气"，把"气"当作了"理"，这是有所缺失的。而陆九渊认为，朱熹在"理"与"心"之间横插了一个"气"，这是一种"床上叠床，屋下架屋"的做法。

　　尽管朱陆的学术路径迥异，但他们都意在揭示"圣人之道"，在根本理念上有着共通之处。明末清初的思想家黄宗羲便曾评价道："（朱陆）二先生同植纲常，同扶名教，同宗孔孟，即使意见终于不合，亦不过仁者见仁，智者见智。"而朱陆二人事实上也是惺惺相惜的。陆氏说："汝曾知否？建安亦无朱晦翁，青田亦无陆子静。"①有学者以陆氏之说疑之。朱熹答："子静平日自任，正欲身率学者于天理，不以一毫人欲杂于其间，恐决不至如贤者之所疑也。"②又有学者因无极之辩贻书诋毁陆九渊，朱熹同样答："南渡以来，八字着脚，理会着实工夫者，惟某与陆子静二人而已。某实敬其为人，老兄未可以轻议之

①《语录》上，《陆九渊全集》卷三十四，第496页，
②《陆九渊年谱》，《陆九渊全集》卷三十六，第629页，

也。"①陆九渊去世后，朱熹还亲自率领门人前往寺庙吊谒，流泪不止。

而理学发展至王阳明，他不仅推动了心学理论体系的系统化构建，使之成为明代中叶之后最具影响力的学说之一，也进一步拓宽了心学与理学之间比较的理论阐释边界，为这一话题注入了新的活力，开辟了更为广阔的讨论空间。

首先，心学与理学对世界的理解的本质分歧进一步深化。从理学的起源来看，学者们普遍将周敦颐尊为理学的奠基者。周敦颐主要阐述"太极"理念，强调"无极而太极"，指出"太极动而生阳，动极而静，静而生阴"②，旨在揭示道通过自我运动形成世界的观点。他提出，无论是天、地、人还是万物，均源自道这一世界本原，道即世界的全体。关于世界存在的根源，道无疑是核心。然而，道与人之间的联系如何体现？周敦颐通过强调"主静立人极"，确立了人的存在与道的存在的本质一致性。经过程颢、程颐至朱熹，这一理念发展为"性即理"的核心理念。反观陆九渊与王阳明，他们的理论较少涉及世界的起源或"宇宙论"的内容。他们认为，无论世界如何产生，人类生活于其中的现实是核心问题。若说程颢、程颐、朱熹构建了一个完整、精致、宏大且完备的哲学理论框架，期望人们通过接受这一知识体系以接近圣人境界，那么陆九渊与王阳明则强

---

① 《宋元学案·象山学案案语》，《陆九渊全集》附录五，第693页。
② 周敦颐著、陈克明点校：《太极图说》，《周敦颐集》卷一，中华书局2009年版，第4页。

调现实生活的实现性。特别是王阳明，他提出人们应关注如何真实实现自身存在的价值，而非单纯追求知识的全面。按照程颢、程颐、朱熹的理论，他们提供了一个知识世界的图景，要求人们投身于这一知识世界，通过圣人所验证的知识来实现自我。而王阳明则质疑未经自我实践验证的知识，认为只有经过实践验证的，才能转变为"真实"，实现"存在性"的展开，知识才能转化为"真知"或"真理性知识"。因此，人的问题实际上转变为如何实现良好生存的问题，而非单纯的知识结构问题。

其次，随着"心即理"观念的体系化构建，其与"性即理"之间的比较更显出其独特价值。朱熹与王阳明都认为，人的本质与最高的、本原的、绝对的、永恒的、真实的"实在者"，即"天道"，是同一的。然而，朱熹认为这种同一性的现实体现是"性"，而王阳明则认为是"心"。朱熹对于"性即理"的认识主要来自于二程，尤其是程颐。程颐曰："性即理也。所谓理，性是也。天下之理，原其所自，未有不善。喜怒哀乐未发，何尝不善？发而中节，则无往而不善。"①这明确了理既是宇宙的生成之因，也是为人提供至善依据的价值，而性就是理。朱熹继承二程关于心性论的看法，提出"性者，人所受之天理；天道者，天理自然之本体，其实一理也。"②此说融合二程，明确了"性""道""理"的同一性。天理是最高存在，自人而言，

①《伊川杂录》，《遗书》卷第二十二上，《二程集》，第292页。
②《论语·公冶长》，《四书章句集注》，第79页。

称之为"性"；就自然宇宙之运行，则谓之"天道"，但究其根本，只有一"理"，这可以称作是朱子的"理本论"。

朱熹论"性即理"，有两个特点。一则坚持"性二元论"。朱熹认为，"性"实有二义：一指人物禀受的天地之理，又称作天命之性，或本然之性，纯粹至善；二指人物的气质之性，善恶混杂。但由于气禀的分受不同，人能全其理，而物只能表现其部分。前者是就人之本体言，后者则就人之现实存在论言。因而人终其一生，要做的便是"学以复其初"，无论是孟子所言"恢复"、还是荀子所言"扩充"，目的皆为重见本心性理，实现道德的完满。可见，"性即理"便是就天命之性而言，所谓健顺五常之德。而气质之性是因"一本之理"在呈现之时所依托的不同之气质而具有的"分殊"之呈现。

因此，朱熹认为性、理、气三者相互依存，缺一不可；但同时又强调形上形下的不可混淆。理气之关系，大致可表述为理在气先、理乘气动、理同气异等基本论点。但要完整说明以理为本，又不能只靠宽泛的理气关系来支撑，它必须要将"性"的范畴整合进来，以解决人和万物的生成根据和行为准则问题。因此，朱熹将性理的普遍性价值确立于气化流行的世界中，形而上的理本体对形而下的气化世界的意义及其相互关系是讨论的前提。朱熹说："性，即理也。天以阴阳五行化生万物，气以成形，而理亦赋焉，犹命令也。于是人物之生，因各得其所赋之理，以为健顺五常之德，所谓性也。"①理构成性而气聚为形，在天通过阴阳五行之气产生人物形体的同时，理亦包含于其中。就性的生成说，气与理双方便都属于先在，天的范畴则对气理双方发挥着统合、主导的作用。因此，性理固然重要，但气化生生流行的意义也不可小觑。

故在朱熹看来，"性"本质上是静而不动的，而"心"则与人的现象层面相关联。因此，"性"向"心"的开展过程中存在许多曲折。他认为"性"本身是静的，要使其动起来并落实到现实生活中，需要一种"能动"的东西，这便是"心"。"心"之所以会动，是因为它总是能够"感于物而动"。因此，朱熹认为"人心"本质上是危险的，因为它总是受外物影响而动。那么，如何确保"人心"在任何情况下都能动得恰到好处，成为"性"的现实体现呢？为此，需要"存天理，去人欲"，使"人心"不断纯粹化，还原为"道心"，最终达到纯粹天理的用事。进一步地，朱熹细分"心"为人心与道心。朱熹只承认先天意义上的"性即理"，是为"道心"；但"道心"并不必然在后天的经验存在中得到体现，后天的经验生存中反而是私心为主，是为"人心"。

王阳明则坚持人的存在完整性，恰恰就体现于先天—后天的同一性，否则就是存在的完整性被割裂了。相比之下，王阳明认为"心"就是"性"，"性"就是"天"，"天"就是"道"，

---

① 《中庸》，《四书章句集注》，第17页。

所以说"心即理"。心、性、道实为一体，但在现实中，"性"必须通过"心"与客观世界进行沟通。因此，"心"是决定人的现实活动的直接动力。人只有这一颗"心"，它就是人之"本心"，它本来就是活泼泼的，既动且静，常觉常照。我们之所以具有各种各样的生命活动，不仅能够视听言动，而且能够分辨善恶、能够感知外物，能够就事物之间的关系进行判断、推理，根本原因即在于我们具有这样一个"本心"，如果没有这一"本心"，那么我们的全部生命活动就都是不可能的了。也正因为"本心"原本就是与天道相一致的，人才可能明明德，根本原因正在于此。"心即理"的"心"，王阳明后来又将它称为"良知"。在现实世界中，人本来就是"先天"和"后天"统一的个体，心的存在勾连起人之存在的不同界域，因此心体的充量的呈现，便是人之存在的整全表达。这需要人自觉地实现"心即理"的内在体认，主动地、自觉地将自己的本心建立起来，并在生活的实践过程中具体表达这一本心，我们就走在实现圣人境界的道路上。这就是"知行合一"和"致良知"的意义。

如此看来，阳明的观点确实更加简单、直接。因此，朱熹注重的是通过"存天理，去人欲"来实现"心"的纯粹化，从而达到"道心"与"天理"的统一。而王阳明则强调"心即理"，通过自觉的内在体认和实践来实现圣人境界。

从这一点也可以看出，程朱理学一脉重视分析，而陆王心学则关注综合。例如，朱熹严谨地区分心与性，而王阳明则主张"心即性，性即理，心即理也"。阳明并未否定"性即理"，只是不像朱熹那样严分心与性，而是强调心与性的统一。这种"浑讲"的方式在朱熹看来是不可接受的，因为他坚持严格区分心与性。朱熹将性视为形而上的先天之物，而情则是形而下的后天之物，情一定是"已发"的。朱熹之所以强调"心统性情"，正是因为心正是处于形而上的先天和形而下的后天之间的一个中间环节。心体现"性"，即"道心"；也包含人欲，即"人心"，因此"道心惟微，人心惟危"。人心变得非常"危险"，一不小心就可能出错。因为"心统性情"，心承担着两个方面，兼摄形上与形下，所以必须严加区分何为"道心"、何为"人心"。

在阳明那里，他对心与性不进行严格区分。在"心即理"的意义上，人的本原存在即包含先天和后天，即包含形上和形下。因此，人可以通过当下的实践来实现自己的先天的原在价值。王阳明强调"学贵心得"，以"求之于心而是"为根本的是非准则，而不在于其观点之出于何人之口。阳明心学的真精神，是惟大中至正之求、惟真理之求的实践精神。在特定语境下，真理的真实面貌是需要明觉之心体去"照"才得以如实呈现的，心体之本明才是真理得以实现的保证。因此"求之于心而是"，即是事物存在的真实状态在心体之本明的照察之下而得以如实呈现的状态，是即为真理。真理即是实相。"致良知"是寻求真理之学，而不仅是道德之学。故而阳明强调"知行合一"，而朱熹则有"知先行后"。从这一点看，阳明对朱子学的突破，实则是避免了将圣人之学转变为知识体系，而回归到了成为圣人这一本源目的。

朱熹与王阳明学术追求的终极目标，皆在于重建中国文化主体性，重续圣人相传之"道统"，重显中国文化之本原价值。二者思想的根本分歧在于思想探索的逻辑路径和实践方式。

朱熹主张"道问学"，认为通过深入学习和积累知识，能够达到"豁然贯通"的境界。这种方法强调从后天的经验出发，通过知识的积累，最终实现先天的回归，从而实现浑然一体的通达。他认为学术的最终目的是成为圣人，通过形上与形下、先天与后天的贯通，达到人之存在的全域，实现自己的价值。陆九渊则主张"先立其大"，以先天统摄后天，强调尊德性。他认为人的本质就在于德性，通过发明本心，可以直接把握万事万物的道理。因此，他反对过多的读书和考察外界事物，认为只要体认本心，就能通达事理。王阳明在此基础上，特别强调"知行合一"的哲学理念。他认为人必须具备良能，才能匹配良知，从而实现良知与良能的完全统一。王阳明强调通过个体内在的体验和行动的实践，直接把握真理。他认为人的完整本体在对待关系中才能呈现，必须在实际行动中展现出已有的知识，这样才能实现圣人的境界。

因此，朱熹的实践方式重视系统的知识学习和社会规范，将圣人之学发展为知识体系；王阳明则更加强调个人的主动性和内在的精神修养，认为知识的积累并不构成圣人之学的必然条件，因此"成圣"在根本上是一个存在论与实践论的问题，而不是知识论问题。朱熹强调外在的理（道）作为指导个人行为的根本，人通过格物致知的过程，可以逐渐认识和把握这个理，进而"明明德"。王阳明的思想则超出朱熹的思想束缚，"独破旧说"，更多地关注内在的心性（良知），良知本自天赋，人人皆具。每个人都能通过内在觉悟与修炼来完成明德的彰显，亦即良知的体认。故人必须以"诚意"为先，以"知行合一"与"致良知"为根本工夫，以期达成"万物一体"的圣人境界。

正是由于连续不断的精彩学术争鸣，儒学在宋明时期再次达到了学术发展的高峰，而朱熹和王阳明则是最重要的两位代表。理学与心学的最终成就表明，它在充分理解、深刻领会、融摄参贯佛、道之思想精髓的前提之下，实现了对佛、道之思想世界及其价值论阈的成功消解。而基于新的理论视域与经典意义的重新诠释，理学与心学同时也实现了对于儒家古典哲学系统的重新建构，进一步拓展了其思想空间，从而使其思想生命得以返本开新。这一儒家哲学的古典新义，不仅在理论上或思想上充分回应了以佛教为典范的宗教哲学的形上之思，而且在实践上重新追回了圣人人格的古典理想。

第五章 | 阳明心学的后世影响

在中国传统文化发展的历史链条之中，作为一种思想形态的阳明心学，于某种意义上是最后一个环节。它以儒家学说为根本，整合了包括佛教、道家（道教）在内的不同思想形态的合理内涵以及宋代以来理学思想之精义，完成了以"良知"为根本理念的思想体系架构，体现出极为宏阔的理论涵容度与相当精致的思想结构。它要求把人人本具的"良知"落实于个体现实生活的实践领域，实现个体的经验生存与其本原实性的同一、实现存在与价值的同一，从而达成"致良知"与"知行合一"所要求的生存境界。正因此故，阳明心学实质上是一种"实践哲学"。但也正是从"实践"来考虑，阳明心学在其历史的繁荣过程中曾出现过的某种弊病，今天仍应引起我们的足够重视。

而讨论阳明心学的后世影响，必须将其放回到中国思想整体发展的历史过程当中去考察。惟其如此，我们才有可能真正看到王阳明思想的独特性，及其对于我们整个中国历史思想的巨大贡献。中国历史文化之所以有绵延的历史性，并且在这个历史绵延的过程当中，每一个时代都能够出现一种突出思想的历史转进，根本上就在于中华文明是在以圣人、以道为核心的思想脉络中实现了绵延的传递，这就是道统。在中国悠久的文化传统中，圣人的伟大之处，源于其身处特定时代，对"道"之独特存在状态具备深刻的洞察与领悟。他们不仅具备这种独特的智慧，更拥有将道德体悟转化为现实行动的能力，使之转化为民众普遍可遵循的生活准则、行动指南和价值观念。通过这种方式，圣人在特定的时空结构中，实现了天道的最高价值的现实展现。而王阳明属于这一个圣人之道的传承体系，是其中的一个关键人物。

　　王阳明思想对中国明代中叶之后的思想格局产生了深远影响。

　　明代中叶以后，特别是王阳明之后，整个思想学术界基本上被王学所主导。阳明心学实质上打破了明代"此亦一诉朱，彼亦一诉朱"这一整体性的思想僵化局面。黄宗羲在编纂《明儒学案》时，特别将阳明学之后的内容归纳为《姚江学案》的延续，并详细展现了阳明学在明朝各地域的不同流派，如浙中王门、江右王门、南中王门、楚中王门、北方王门、粤闽王门、泰州学派等。这一事实凸显出，若要深入理解明代中叶之后的思想动态，脱离王阳明的视角将变得极为困难。同时，由于阳明学派在各地的传播形成了多样化的派别，不同学者对阳明心学整体思想的解读、理解与实践呈现出多元化的态势，导致了阳明学的分化，也进而构建了明代中叶后思想界的繁荣与复杂局面。其中最重要的一个方面是形成了所谓王门左派。这个左派的主要代表包括浙中的王畿和泰州学派的代表王艮、李贽等。

他们都最终导致了一种称为束书不观、以游谈为事的虚寂之风，这在当时的思想界尤为常见。阳明以良知本身作为准则，但良知应是具有公共性的。然而，在后来的阳明学派中，尤其是左派，良知成为自我准则，这必然导致一些日常生活中所谓放任行为。尽管我们在理论上对此进行批评和批判，但事实上王门左派的流行给明代的思想界乃至日常生活带来了一种独特的自由或解放。"致良知"与"知行合一"等理念，摒弃了冗长的文字锤炼与经典研习，采取了一种简洁直接、即刻践行的方式，从而极大地激发了中下层民众的兴趣，直接推动了阳明学的世俗化发展，深入到了更为广泛的民众之中，儒学向平民阶层的普及运动也直接对朱子学构成了挑战，起到了解放思想的积极作用。晚明之际，学术界兴起了一股对王阳明学说进行重新审视和批判的风潮。其中，刘宗周的影响较大。他虽然认同王阳明关于良知的基本观点，但对其良知的本质理解持有异议。他尤为反对王阳明"意为心之所发"的论断，认为此说存在谬误。他主张，意并非心之产物，而是心之基础所在。因此，他提出了"意根"的概念，并认为意根是构成心身结构完整性的最微小单元，其理念与《大学》《中庸》中所述的慎独思想相呼应。在刘宗周看来，慎独不仅是独立思维的体现，更是对意根价值的重视，通过意根的实际运用和体现，实现心身结构的完整统一。进入清代，思想界再次经历了深刻的变革。当时的学者和思想家普遍认为，明朝的覆灭与王阳明学说的过度盛行有一定关联，特别是王艮、王龙溪等学派，导致部分士人道德沦丧，沉溺于空谈之中。清代初期，围绕程朱理学与阳明心学的辩论尤为激烈，局面错综复杂。因此，清初，如陆陇其、陆桴亭、陆世仪等学者，重新倡导朱熹的学说，对阳明后学进行了严厉的批判。

清代中晚期以后，阳明心学在独特的历史背景之下又再度回暖。历史上，诸如曾国藩、孙中山、蒋介石、毛泽东等重要历史人物都曾受到阳明心学的影响。这足以说明阳明心学影响是持续的、深刻的。孙中山的"知难行易"学说体现了王阳明的"知行合一"思想。蒋介石特意将台北的草山改名为阳明山，以示对阳明学说的尊敬。同时，他在20世纪30年代提出的"力行哲学"，以行为先，通过行来知，来鼓动、号召人们对于实践的优先性，倡导实践，这则是阳明"知行合一"说的实践。毛泽东实际上也受到"知行合一"学说的深刻影响。众所周知，他的《实践论——论认识和实践的关系、知和行的关系》是一篇对中国共产党与现代中国产生过重大影响的理论著作，"一切真知都是从直接经验发源的"这一基本论断，就其理论实质而论，是对于王阳明知行合一之说的具有创造性的新阐释。

在现代新儒家的演进脉络中，阳明心学的滋养作用尤为显著。在对阳明心学的继承上，他们不仅延续了传统的学术脉络，还在其基础上进行了深入的理论探讨和扩展，试图通过当代语境重新诠释和应用阳明心学的精髓。尝试结合西方哲学、科学和现代社会理论，进行儒家思想的更新与转化。现代新儒家的杰出代表熊十力，他秉持"保任良知，向事上锤炼"的哲学理念，坚信哲学体系中的核心概念，如"仁""诚""本心""本体"等，均与阳明心学中的良知理念有着深刻的共通性。牟宗三所创立的"道德形上学"，更是直接秉承了阳明心学的精髓，尤其强调了良知本体的核心地位。而唐君毅的生命真实存在观念及其心通九境理论，同样体现了对阳明"心外无物"思想的深入继承与拓展。这些观点不仅丰富了现代新儒家的理论体系，也进一步彰显了阳明心学在新时代背景下的重要价值。

阳明心学，作为中国优秀传统文化之瑰宝，其深远影响不仅局限于某一时代或地域，而是跨越了时空的界限，成为一种具有普遍性和公共性的宝贵文化资源。

阳明心学不仅在中国本土产生了深远影响，还传播至日本、朝鲜等东亚国家，在东亚文化圈一直产生着重要影响。

在日本，阳明心学的影响可以追溯到16世纪初，当时日本僧人桂梧了庵拜见王阳明，开启了日本对阳明学的接触。明清之际，江浙知识分子如朱舜水等人为了躲避清朝的迫害，东渡日本并传播阳明学，使其在日本逐渐取代程朱学说，占据主导地位。明治维新时期，许多维新志士如西乡隆盛等都是王阳明学说的信徒，他们通过阳明学培养了独立尚武的精神，推动了维新运动。日本的武士道精神也深受阳明学影响，孙中山曾指出，维新志士沉醉于王阳明的知行合一说，具备了救国的独立尚武精神。1905年，日本海军名将东乡平八郎在日俄战争中大获全胜，他佩戴的印章上刻有"一生伏首拜阳明"，表明了对阳明学的敬仰。日本阳明学从中江藤树、三轮执斋、佐藤一斋到大盐平八郎等人进一步发展，并与倒幕和维新运动紧密结合，深刻影响了日本的社会变革和思想进程。阳明学在日本的发展，甚至深刻影响了日本的明治维新，大盐则将张载的太虚说与阳明心学结合，进一步发展了阳明心学，并在阳明心学的鼓舞下，领导了大阪农民和都市贫民的起义，尽管失败后自杀，但却发出了倒幕运动的信号。维新志士如梁川星岩、西乡隆盛、吉田松阴等，都是阳明心学的信徒。他们以阳明心学为团结下层武士和平民的纽带和行为动力，开展倒幕和维新运动。成为幕府之学，具有官方地位。而在当下，阳明心学在日本现代社会的发展中，继续发挥着重要的影响。其强调自我修养、社会责任和知行合一的理念，深刻影响了日本的企业文化、教育体系和社会价值观，为日本社会的和谐与进步提供了重要的思想基础。

　　而阳明心学在朝鲜半岛的传播和影响也不容忽视。阳明心学对朝鲜的影响可以追溯到朝鲜李氏王朝时期，特别是在16世纪后半叶至17世纪初期。阳明心学传入之初，被称为"朝鲜朱子"的李退溪对其展开批判，并为此撰写《传习录论辩》，李退溪的巨大影响力在一定程度上阻碍了阳明心学的融入与发展。万历朝鲜之役后，信奉阳明心学的明朝将领宋应昌在朝鲜进行了讲学活动，试图将阳明心学传播给朝鲜官员和学者。17世纪，郑霞谷潜心研究阳明心学，开创了江华学派，这一学派流传至今。阳明心学的实用性也影响了朝鲜的实学派学者。实学思潮的主要学者，如李瀷、朴齐家、丁若镛等，无不受阳明心学影响。尤其是近代实学思潮代表学者朴殷植，他试图通过阳明心学实现"儒教求新"，将阳明心学与当时流行的社会进化论结合，开展了"大同教"宗教运动。可以说，阳明心学为朝鲜的近代化和实学思潮提供了重要的哲学基础，受到阳明良知说的影响，朝鲜的士人阶层开始倡导社会改革，强调个体修养和道德实践的重要性，同时在政治上影响了朝鲜王朝官员的治国理念，一些朝鲜的学者和文人也开始研究和借鉴阳明心学的思想，将其融入朝鲜的文化与文学创作中，从而丰富了当时的文化面貌。以上事实都充分彰显了阳明心学在东亚文化中的重要地位。

在朝鲜半岛之外，阳明心学的余波亦荡漾至更远的东南亚海域，如越南，阳明心学同样找到了它生根发芽的土壤。越南自古便深受儒家思想影响。大约在明朝中后期，随着中越两国经济文化的频繁交流，阳明心学开始传入越南。越南知识分子受明朝和清朝文化影响较深，对中国儒家经典和哲学思想有较高的接受度。越南的学者们不仅研读阳明心学的经典著作，还结合本国的实际情况，对其进行了深入的阐释和发展，使之更加贴近越南社会的需要。在黎朝后期，越南士人逐渐开始接触和研究王阳明的心学思想。这一时期，越南社会面临内外困境，许多学者寻求新的思想资源以解决社会和政治问题，王阳明的"致良知"和"知行合一"的思想为越南士人提供了一种新的思考方式。阮朝建立后，特别是明命帝和嗣德帝时期，王阳明的思想得到进一步推广。越南的儒生不仅学习"四书五经"，也研读王阳明的著作，如《传习录》和《王文成公全书》。20世纪后期，越南的学术界重新审视王阳明的思想，尤其是随着中越两国文化交流的增多，阳明心学在越南学术界得到更多的关注。

越南学者们从不同角度探讨阳明心学的现代意义，尤其是其在道德教育、社会改革和个人修养等方面的应用。同时，阳明心学也促进了越南与其他东亚国家之间的文化交流与理解，加深了彼此之间的友谊与合作。

此外，值得注意的是，阳明心学在东南亚其他国家的传播虽然不如在日本、朝鲜那样广泛和深入，但也在一定程度上影响了当地的文化和社会发展。例如，在泰国、马来西亚等东南亚国家，都可以找到对阳明心学思想有所了解和研究的学者和人士。他们或许并不完全认同阳明心学的所有观点，但对其中的某些思想元素却给予了高度的关注和评价。

可以说，阳明心学作为宋明新儒学思想的重要组成部分，不仅促进了东亚乃至东南亚地区各国之间的文化交流与融合，也为当地社会的发展和进步提供了重要的思想资源。

在国际文化交流日益深化与广泛拓展的时代背景下，阳明心学的影响力已逐步突破东亚地域界限，在全球范围内吸引了众多学者的关注，成为具有世界影响力的优秀文化资源。自20世纪中期以来，欧美学术界逐渐开始关注和研究阳明心学。许多哲学家和历史学家对王阳明的思想进行了深入的研究和分析。研究的重点包括阳明心学的核心观念及其在中国历史和文化中的影响。阳明心学的经典著作，如《传习录》，被翻译成多种语言，在欧美出版并广泛传播，这些翻译作品使得阳明心学在欧美学术界和普通读者中得到更普遍的认可。同时，随着学术界的日益开放与交融，越来越多的学者开始从西方学术理论的独特视角，对阳明心学进行深入而细致的探讨。这一趋势不仅彰显了阳明心学在当代学术界的广泛影响力，更使其成为中西文化交流中一座不可或缺的桥梁。这些学者巧妙地运用西方的哲学、心理学等理论工具，对阳明心学的核心思想进行了多维度、多层次的剖析与解读，不仅挖掘出了其深邃的思想内涵，还进一步揭示了其在当代社会中的现实意义与价值。通过这种跨文化的对话与交流，阳明心学的智慧与魅力得以更加广泛地传播与传承。主要可以概括为以下方面。

第一，存在主义哲学与阳明心学的比较研究。存在主义哲学强调个体的自由、主体性和存在的真实，与阳明心学的"知行合一"和"致良知"有许多相似之处。研究者们通过比较王阳明与西方存在主义哲学家，如海德格尔、萨特等人的思想，探讨两者在伦理、自我实现和主体性方面的共通点和差异。

第二，现象学与阳明心学的对话。现象学关注意识和经验的本质，与阳明心学对内在心灵世界的重视有共鸣。学者们通过将胡塞尔和海德格尔的现象学方法应用于阳明心学，探讨"良知"的本质及其在个人体验中的展现方式。这类研究深化了对阳明心学核心概念的理解，也为现象学提供了新的视角。在这方面作出卓越贡献的当代学者，无疑当推瑞士的耿宁教授（Iso Kern，1937—），他所著的《人生第一等事》，是西方学者基于独特的哲学视域而对阳明心学阐释得最为卓越的作品之一。

第三，心理学与阳明心学的融合研究。现代心理学特别是人本主义心理学，强调自我实现和个人潜能的开发，这与阳明心学的"致良知"有着密切联系。学者们探讨如何通过阳明心学的理念，如自我觉察、道德修养，来促进心理健康和个人成长。一些研究将阳明心学应用于心理治疗和教育，取得了积极成果。

第四，伦理学与阳明心学的交叉研究。阳明心学的伦理思想与西方伦理学理论的比较研究，也是一个重要方向。通过将王阳明的"心即理"与康德的"道德律"进行对比，探讨道德自律与他律的关系。这样的研究不仅丰富了对阳明心学的理解，也为现代伦理学提供了新的视角。

第五，跨文化哲学研究。一些学者致力于将阳明心学置于更广阔的跨文化哲学对话中，探讨其在全球化背景下的意义。通过与西方哲学中的实用主义、解构主义等理论进行对话，研究阳明心学在当代社会和文化中的应用和启示。

因此，可以说阳明心学在当代的复兴与繁荣，不仅是中华优秀传统文化的瑰宝再现，更是中西文化交流互鉴的生动实践。它为我们提供了一个独特的视角，去审视和理解不同文化背景下的思想体系与价值追求，促进了人类文明的共同进步与发展。

在传统文化回归的思潮之中，阳明心学引起了社会各界的充分关注，成为十分令人瞩目的一种文化现象，这实际上最为直接地体现了要通过精神世界的重建来为现实人生重新确立意义与价值的时代要求。的确，阳明心学本身所包含的丰富内涵，对于今日重建文化自信，重续传统而返本开新，实现优秀传统文化的创造性转化与创新性发展，是具有深刻的启迪意义的。可以总括为以下四点。

第一，阳明心学对于诸种学说的兼摄融贯，不是为兼摄而故作姿态，而是圣人之学本来宏大，本来无所不包，横遍竖穷，无所不在；虽遍无涯际，又必以主体性的自觉及其实践性显扬为基原。在中国传统文化本身，以大中至正为多元价值所会归的极则，所谓"会其有极，归其有极"①，正是重整秩序而实现文化主体性重建的根本原则。在强调对中国传统文化进行"创

———————————

① 《尚书正义》卷第十二，《十三经注疏》，第403页。

造性转化"与"创新性发展"的今天，会归有极的历史启示，对于中西一切学问的包容、兼取、该摄、涵化，皆必以中华文化主体性本身的坚持与挺立为根本原则，唯此方能真正实现中国主体文化的当代挺立及其存在的历史绵延。在实现文化价值重构、文明形态更新的同时，仍能坚守中华文化的主体性根脉，是为"守正创新"。

第二，阳明心学对朱熹理学进行价值重估，要求重新显扬"圣人之学"的目的，是要将"成为圣人"这一"圣学"的原初目的切实地呈现于日常生活之中，充分强调了本初心志之于生活实践及其成就的重要性。"志不立，天下无可成之事"[1]，凭借日用功夫所取得的一切事业成就，皆必以"成为圣人"的本初心志为其内在支撑，所以"成己"是必须展开为"成事"的，而"成事"即是"成己"，是为仁智一体的内外合一功夫。阳明始终坚持"成为圣人"之志，不论现实境况如何改变，此本初心志始终不渝，此种坚持不改使他终于实现了"圣人之志"。就此而言，阳明及其心学便提供了一个"不忘初心、牢记使命"的范本，他用"亲民"的全部活动展现了自己的本初心志。

第三，在本体——功夫合一的意义上，阳明心学对于实践性的突出彰显，以日常生活无不为"致良知"之地，其实是充分扩展了人的存在境域，合先天与后天、先验与经验、形上与形下、现在与未来皆为一体，更把所有这一切二元的合一落实

---

[1]《立志》，《全集》卷二六《续编》一，第1073页。

于当下的"事上磨炼"。这实际上就是说：个体在当前的"对象性交往关系情境"中的存在，即是其作为"主体"的全部存在实性的当下显现。主体存在的完整性与不可分割性，不只是阳明心学的精神，更是普泛意义上中国传统文化的精神。在某种意义上，它几乎是最为清楚地揭示了作为主体性实现方式的"亲民"与"全心全意为人民服务"之间的文化内源性关联。人们通过特定"对象性交往关系情境"中主体的出场，把交往对象之"物"转变为"事"，故"成事"即是"成物"；以"真己"为实相的主体性，其本身之存在性的实现，是必然要通过"成事""成物"的实践活动来呈现的，因此"成事"即所以为"成己"，反之亦然。在这一"内—外""己—他"双向的关联性交往活动过程中，"己—他"之实相既得以呈现，同时其存在样态也皆因主体的实践活动而得以改变。诚然，"哲学家们只是用不同的方式解释世界，而问题在于改变世界"[①]。阳明心学在中国之固有思想史背景中为我们敞开了一条关于存在的实践之路，也因此而预示了其独特的现代性。

第四，阳明心学通过"心即理""良知本体"等概念重建了主体性本身，而这一主体性的自在状态也即在它尚未落实于"对象性交往关系情境"中的状态，是"无善无恶"而"知善知恶"的，是"无是无非"而"知是知非"的；在存在意义上，

---

① 《关于费尔巴哈的提纲》，《马克思恩格斯选集》第一卷，人民出版社2012年版，第140页。

它为纯粹存在之"寂"；在价值意义上，它为超越一切相对价值的绝对价值中立，是为大中至正之本体。我要强调的是，阳明心学核心要义的展开，不论在理论上还是在实践上，最终都落实于心体实相的自觉开展，因此其全部价值都会归于"真理"本身。古今批评王阳明"无善无恶"之说者最为众多，然窃意唯此"无善无恶"之说，才是阳明心学的真正价值所在，并且最富有历史与当代的共同意义。以"鉴空衡平"的态度直面事实本身，祛除一切"意、必、固、我"之附加，还原事实真相，凸显为阳明心学所坚持的存在与价值合一的根本哲学精神。这一哲学精神原与中国传统文化中"不虚美、不隐恶"的"实录"精神、以"疾虚妄"为标识的浙江文化精神等同其旨趣，同样也与今日以"实事求是"为倡导的科学精神殊途同归。为此，我们还应当警惕并杜绝在传播阳明心学过程中出现的不良倾向：

一是脱离历史和思想语境，故意夸大、拔高王阳明及其心学，甚至在某种程度上进行"神化"或"神秘化"，将王阳明描述得前无古人、后无来者，将心学讲得神乎其神、脱离生活实际。

二是将阳明心学"庸俗化"，尤其是对阳明心学作片面的、不切实际的理解，认为学了阳明心学便能"产出业绩"，甚至"心想事成"。

无论是"神秘化"还是"庸俗化"，都是对阳明心学的误解和误用，对现实社会的健康发展并无益处。我个人坚持认为，阳明心学的核心要义在于让人主动、自觉地建立起一个完整的心身秩序，并将这一秩序体现到现实生活的各个方面，用这一完整的心身秩序来支撑我们的日常生活，实现人格的独立、健全、完整和统一。

基于以上观点，束别归总，则阳明心学是阳明站在其特定的时代高度，基于儒学作为"圣人之学"之本质实性的内在洞达，而对其进行重新阐释与再度建构的结果。它重置了目的与手段之间的相互关系，回归到存在与价值合一的根本原点，重续了儒学之"道统"的主体性。通过多维度阐释与多元价值融摄以彰显儒学的本原性目的关切，从而实现对其主体性的结构性重建，阳明心学的这一路径在今天仍有其独特的时代意义。在今天，重新彰显中华文化主体性已经成为时代主题。把马克思主义基本原理同中国具体实际相结合、同中华优秀传统文化相结合，正是实现对于中华传统文化的"创造性转化"和"创新性发展"的根本有效途径与方法。马克思主义的基本原理只有与中华优秀传统文化相结合，才会因获得主体文化不竭泉源的滋养而焕发新生；有数千年慧命赓续的中华优秀传统文化，也会因马克思主义的融入而获得现代性，并在一个更为广大的世界文化背景之下挺立其主体性。"两个结合"显然是一个有机整体。"马克思主义基本原理同中国具体实际相结合"重在以理合事，以"事"为主，呈现为一种独特的"事态形式"；"马克思主义基本原理同中华优秀传统文化相结合"则是"理"层面的深度结合，以理合理，两相融释，呈现为一种独特的新义理形式；"两个结合"之意义的双边共摄则显然便是"事理圆融"。"事"是中国之事，"理"是马克思主义融摄中华优秀传统文化所开辟出的时代新义，唯此意义上的"事理圆融"，方能使中华优秀传统文化在新世界格局中挺立其主体性，实现价值主体结构之当代转换，熔铸中国自身的历史经验与世界文明成果为一体，为中华优秀传统文化的当代继承、人类文明新形态的历史建构开辟别样的新境界。

后　记

　　本书作为"浙学大家"丛书中的一册，以王阳明为主题，主要是由我的学生余柯嘉根据我近十多年来所发表的有关文章、演讲进行简约性整编而成，当然也经过我的阅读并做过文字上的一些修正。

　　近些年来，王阳明成了中国历史上"两个半圣人"当中的一个，"阳明心学"则不仅成为"显学"，并且在一些学者们的口中，既与禅学相融合，还与"量子力学""测不准原理""神经心理学"等科学相融合，结果却成了"新玄学"。在学术研究的意义上，我个人是十分注重言说边界的。意义的生成显然与限度相关，"过度"则必然导致我曾经说过的"价值逆转"。以阳明心学为例，就算用量子理论把"岩中花树"解释得流畅无比、深奥无比、玄美无比，其实也并无意义，因为我们既不可能由此得出"王阳明发现了量子理论"的结论，同样也不可能得出"王阳明早就把量子理论哲学化了"的结论。用一个非常现代的、为古代某种观点的发明者全然不知的新学说、新观念来解释那个古代的观点，我个人是不赞同的，因为这事实上就包含着思想边界或解释边界的跨越，所以并不可能实现对于古代思想的真正有意义的价值转换。仍以"岩中花树"为例，王阳明的意思其实很简单：只有主体真正到达特定的对象性交往关系情境之现场，该情境中的事物存在之实况才可能在本心的觉照之下得到完全呈现。仅仅在这一意义上，存在物之存在是不可能脱离本心的，所以是心本体的真实观照才使某情境中的事物存在展开其真实的存在性，事物也因此才构成对于主体的意义与价值。这与所谓心灵对于事物现象之"变现"的观点都了无关涉，更不必说与"量子理论"有何关联了。

　　当然，我这只是举例说明讲学之不易而已。事实的另一方面是，讲学又是文化传承的必要方式。处于不同时代而讲学的人，其思想会受其时代的影响，实在也是必然之理。在这一点上，墨子关于讲学必"有本""有原""有观"的"三表法"，大概仍有其充分的现实意义。"上本诸古圣先王之言"，是为"历史原则"，讲学因"有本"而进入历史，而成为具有历史意义的现实活动；"下原察百姓耳目之实"，是为"现实原则"，讲学因"有原"，能合乎百姓耳目之实而深入人心，如此方有可能实现人文化成，即所谓"文化"而"移风易俗"；"中观天下人民之利"，窃称之为"价值原则"。有本、有原、有利，三相统一，大抵才算是讲学的真实效益。出于这一想法，我本人实际上也投入较多时间走出象牙之塔，试图以有本、有原、有利的方式，向社会普及中国的古典文化，以真实有利于当今社会的现实人生。正因如此，我实在也深知讲学之艰难，不可存半点侥幸之心，而必以"修辞立其诚"为自己的座右铭。

　　想来诸位已经明了在下的意思了：虽然这小书中的内容是

由余柯嘉同学整合的，她为此付出了很多时间，花了大量心血，我要对她表示真诚的感谢，但书中的错误却只能由我本人来承担。由于时间实在是太紧了，而著述实非易事，不论是字词错误，还是观点错误或值得重新商榷，皆欢迎读者诸君予以雅正，在下幸甚至哉！

董　平

2025 年 3 月 7 日

于浙江大学成均苑 4-501